tredition®

www.tredition.de

AF204558

Michael Johannes

Bezaubert von Mallorca

Ein Reisehandbuch voller Gefühle

www.tredition.de

© 2020 Michael Johannes

Verlag & Druck: tredition GmbH, Halenreie 40-44, 22359 Hamburg
Umschlaggestaltung: David Weider, www.wemsagency.com

ISBN
Paperback: 978-3-7497-7936-9
Hardcover: 978-3-7497-7937-6
e-Book: 978-3-7497-7938-3

„Ich denke dein,
wenn mir der Sonne Schimmer
vom Meere strahlt;
Ich denke dein,
wenn sich des Mondes Flimmer
in Quellen malt"

Johann Wolfgang von Goethe

Dieses Buch ist für dich,

mein Ein und Alles

Vorwort

Ganz im Gegensatz zu dem Ruf, den manch einer noch mit Mallorca verbindet, verfügt diese Insel über eine Magie, die man zunächst nur unterbewusst ahnt. Nach ein paar Tagen der Inselerkundung stellt sich jedoch die Gewissheit ein, hier herrscht ein besonderer Zauber, eine Anmut, die in den Bann zieht, eine Schönheit, die beeindruckt.

Mallorca hat eine Ausstrahlung, die es vermag, die Seele und die Sehnsüchte vieler Besucher zu erreichen. Ob in den malerischen Gassen der Altstadt von Palma, in den Bergen des Tramuntana-Gebirges, an den Stränden der 555 Kilometer langen Küstenlinie oder in der Weite der Inselmitte, hier findet jeder sein persönliches Lieblingsfleckchen.

Die Geschichten dieses Buches mögen für den Besucher eine Anleitung sein, die Stadt Palma und die Insel Mallorca intensiv kennenzulernen. Sie sollen aber vor allem den besonderen Zauber dieser wunderbaren Insel beschreiben.

Diese Insel hat mich vor vielen Jahren herzlich in Empfang genommen, sie ist mir eine wunderbare neue Heimat geworden und sie ist der Ort, wo ich jeden Moment mit allen Sinnen genieße. Dafür bin ich sehr dankbar.

Palma, März 2020

Der Rote Blitz

Patrick war stinksauer. Nachdem er zehn Minuten angestanden hatte, eröffnete ihm die Dame am Schalter, dass nur Barzahlung möglich sei. Gut, er hätte dies auch den zahlreichen Aushängen im Bahnhofsgebäude entnehmen können, aber er war wie immer mit seinen eigenen Gedanken beschäftigt gewesen.

Missmutig machte er sich auf den Weg zum Geldautomaten, der sich in einer Bank auf dem gegenüberliegenden Placa Espana befand.

Eigentlich sollte ich abbrechen, dachte er, während er quer über den Platz lief. *Wieder hierherzukommen war ohnehin eine blödsinnige Idee.* Er fragte sich, warum er von der ganzen Geschichte, die er vor einer Woche geträumt hatte, nur die Bilder von der Fahrt mit der historischen Eisenbahn auf Mallorca in Erinnerung behalten hatte. Er hatte ihnen eine gewisse Bedeutung beigemessen, obwohl er wusste, dass die Eisenbahn nur deshalb in seinem Traum aufgetaucht war, weil er am Nachmittag zuvor eine Reportage über Mallorca gesehen hatte, in der von der Fahrt mit dem Roten Blitz berichtet worden war.

Roter Blitz, lachte Patrick in sich hinein. Er hatte die in die Jahre gekommene elektrische Schmalspurbahn schon am Bahnhof gesehen. *Dieses Schätzchen ist definitiv nicht rot, sondern hellbraun und sicher auch nicht besonders schnell. Braune Schnecke wäre wohl die bessere Bezeichnung*, dachte er sich.

Mit der Bankkarte in der Hand blieb er vor dem Geldautomaten stehen. Er hielt kurz inne und überlegte, aber da ihm nichts anderes einfallen wollte, was er an diesem Tag machen könnte, steckte er sie in den Automaten, gab die PIN ein und nahm das Bargeld entgegen.

Auf dem Weg zurück zum Bahnhof des Tren de Sóller, wie der Rote Blitz offiziell heißt, kam Patrick wieder ins Grübeln. *Warum bin ich überhaupt nach Mallorca geflogen?* Er hatte sich geschworen, die Insel niemals mehr zu betreten, nachdem Inka, seine langjährige Freundin, sich ausgerechnet bei einem gemeinsamen Mallorcaurlaub von ihm getrennt hatte. Und obwohl dies am heutigen Tage genau ein Jahr her war, wurde ihm bewusst, dass er diesen Einschnitt in seinem Leben noch nicht überwunden hatte. *Wahrscheinlich brauche ich eine Schocktherapie und bin deshalb hier,* ging es ihm durch den Kopf, als er sich ein weiteres Mal in die Schlange vor dem Ticketschalter einreihte. *Ich könnte immer noch umdrehen,* überlegte er sich, aber ein undefinierter innerer Antrieb sorgte dafür, dass er in der Schlange blieb.

„Zu welcher Uhrzeit wollen Sie denn fahren? Und nur Hinfahrt oder auch Rückfahrt, zusammen mit dem Ticket für die Straßenbahn nach Port de Sóller?", fragte ihn die Mitarbeiterin hinter der Scheibe in gebrochenem Englisch. Patrick brauchte einen Moment, um die Frage zu erfassen und sich Gedanken darüber zu machen. Die Touristen hinter ihm zeigten schon erste Unruheerscheinungen, weil er nicht gleich antwortete.

„Wenn Sie auch die Rückfahrt mit dem Tren de Sóller machen wollen, müssen Sie jetzt schon die genaue Uhrzeit wählen", ergänzte die Dame hinter der Scheibe.

Unfähig, in diesem Moment und so rasch eine Entscheidung zu treffen, und um die Unruhe der Wartenden hinter ihm nicht zu verstärken, sagte er: „Ich nehme nur die einfache Fahrt." Den Fahrpreis von 18 Euro bezahlte er mit einem der gerade gezogenen 20-Euro-Scheine, steckte Ticket und Wechselgeld ein und verließ die Schalterhalle in Richtung Bahnsteig.

Bis zur Abfahrt des Zuges waren es noch zwanzig Minuten, aber alle Passagiere strömten bereits Richtung der Waggons. Dabei mussten sie an einer Schranke vorbei, an der ein Mitarbeiter der Eisenbahngesellschaft die Tickets kontrollierte. Patrick entschied sich, bereits jetzt den Zug zu besteigen. Zielstrebig folgte er einer kleinen Gruppe, die offenbar hinter ihrer Reiseleiterin her lief.

Er hörte, wie die Reiseleiterin ihren Kunden riet, einen der vorderen Waggons zu besteigen und beschloss, sich der Gruppe anzuschließen, in der Hoffnung, noch ein paar mehr Informationen über die Region abzugreifen. Erst jetzt fiel ihm auf, dass die schlanke Reiseleiterin ein Kleid in leuchtender roter Farbe trug. Das sah nicht nur atemberaubend aus, sondern war auch aus einiger Entfernung gut zu erkennen und daher äußerst passend für ihre Tätigkeit.

Tatsächlich führte sie ihre Kunden sogar zum ersten Waggon, in dem sich neben einigen Sitzplätzen auch der Triebwagen befand. Schilder machten darauf aufmerksam, dass dies der Erste-Klasse-

Bereich war. *Mist,* dachte Patrick, *ich habe nur ein normales Ticket gekauft.* In diesem Moment hob die Dame im leuchtend roten Kleid ihre wohlklingende Stimme: „Bitte setzen Sie sich ruhig hier hin. Es gibt keine Erste-Klasse-Tickets mehr, Ihre Fahrkarte ist hier also genauso gültig wie im Rest des Zuges. Die Sitze sind etwas bequemer, haben aber den Nachteil, dass nicht alle in Fahrtrichtung positioniert sind. Wer jedoch in Fahrtrichtung sitzen mag, kann in den vorderen Teil des Waggons wechseln, da hat es die klassische Bestuhlung."

Patrick war ein wenig unsicher, wo er sich hinsetzen sollte. Zum einen wollte er die Gruppe nicht stören, zum anderen wäre er aber gerne in der Nähe der Reiseleiterin geblieben. Aus einem noch nicht näher ersichtlichen Grund faszinierte sie ihn. Und tatsächlich erfüllte sich sein geheimer Wunsch. Die Teilnehmer der Gruppe platzierten sich so, dass eine Zweierreihe frei blieb. Patrick setzte sich und nahm den Fensterplatz ein.

Während die Reiseleiterin ihren Kunden den weiteren Tagesablauf erklärte, wurde Patrick bewusst, was ihn an der Frau so faszinierte. Es waren nicht nur das leuchtend rote Kleid und ihr hübsches Gesicht mit den ausdrucksvollen Augen und den sanft geschwungenen Lippen, ganz besonders apart fand er den leichten französischen Akzent, mit dem sie die deutschen Worte aussprach. Patrick mochte diesen Akzent schon immer, dazu kam, dass die junge Frau sehr selbstbewusst auftrat und sich auf erfrischende Weise gewählt ausdrückte.

Eine überaus attraktive Frau mit einer tollen Persönlichkeit, dachte sich Patrick. Er war so angetan von der Reiseleiterin, dass er ihren Ausführungen kaum folgen konnte. Erst nach einer Weile fügten sich ihre Worte in seinem Gehirn zu einer Botschaft zusammen. Wie es aussah, würde sich der Tagesablauf für die Gruppe so gestalten, dass nach der Ankunft in Sóller eine Stadtführung stattfand. Die Reiseleiterin hob hervor, dass es dort einige wunderschöne Modernisme-Bauten zu sehen geben würde. Patrick horchte auf. Er war erst vor kurzem in Barcelona gewesen und hatte dort überaus prächtige Gebäude dieses Baustils gesehen, von denen sehr viele von dem berühmten Architekten Gaudí errichtet worden waren.

Die Reiseleiterin präzisierte für ihre Kunden gerade, dass der Modernisme-Stil eine Weiterentwicklung des Jugendstils war, im Mittelmeerraum aber eine eigene Stilrichtung darstellte. Und dass viele Menschen meinten, Gaudí wäre der Erfinder und einzige Anwender dieses Baustils gewesen, was aber nicht stimme. Einige Fassaden und Gebäude in Sóller gingen jedoch auf einen Schüler des grandiosen Antonio Gaudí zurück, einen Mann namens Joan Rubió i Bellver.

Patrick war wie elektrisiert, nicht nur, weil er als Architekt natürlich den Modernisme-Stil und einen der wichtigsten Protagonisten dieses Stils, den Architekten Gaudí, kannte. Einmal hatte er sich in der Kathedrale in Palma sogar dessen Werke im Altarraum und in der Dreifaltigkeitskapelle angesehen. Schon damals war er von der großen Kunstfertigkeit, der Spiritualität und dem Genie dieses Baumeisters beeindruckt gewesen. Unauffällig beobachtete Patrick die Frau in dem roten Kleid. Ihm imponierte die Art und Weise, wie sie in so treffender und gleichzeitig angenehmer Weise den geschichtlichen Hintergrund

Sóllers und seiner architektonischen Sehenswürdigkeiten darstellte. Ihr umfangreiches Wissen und ihre natürliche Ausstrahlung schienen nicht nur ihn, sondern auch alle anderen ihrer Kunden zu beeindrucken. Sie hingen an ihren Lippen und zeigten durch gelegentliches Kopfnicken und Zustimmungslaute, dass sie den Ausführungen aufmerksam folgten.

„Von Sóller fahren wir mit der historischen Straßenbahn nach Port de Sóller. Dort machen wir einen kleinen Spaziergang an der Hafenpromenade entlang und kehren danach in das Restaurant Agapanto ein, welches als einziges direkt am Strand liegt. Wer mag, kann sogar die Füße ins Wasser stecken", hörte Patrick die Reiseleiterin sagen.

Eine schmerzliche Erinnerung durchzuckte ihn. Heute, vor genau einem Jahr, hatte ihm seine Inka in eben diesem Lokal eröffnet, dass ihrer beider Beziehung zu Ende sei und sie sich in einen anderen Mann verliebt hätte. Die Erinnerungen daran trübten seine Laune und plagten ihn noch immer. *Niemals wieder werde ich in dieses Lokal gehen*, sinnierte Patrick. Ärgerlich daran war, dass die Gastlichkeit der Inhaberin Maria, die wunderbare Lage des Restaurants und das vorzügliche Essen ihm immer sehr viel Freude bereitet hatten. Wie schade, dass der Gedanke daran nun für immer mit Trauer und Schmerz verbunden sein würde.

„Nach den Genüssen der Mittelmeerküche, das Drei-Gänge-Menü und ein Getränk sind übrigens im Preis enthalten, fahren wir mit dem Minibus nach Deía. Den Kaffee nehmen wir dort im Garten des Fünf-Sterne-Hotels La Residencia ein. Anschließend gehen wir gemeinsam durch den schönen Bergort hoch zur

Kirche des Heiligen Johannes", führte die Dame in dem roten Kleid weiter aus.

Im Kopf von Patrick überschlugen sich die Bilder. Wie oft hatten Inka und er die außergewöhnliche Atmosphäre auf der Terrasse und im Garten dieses Fünf-Sterne-Hotels genossen. Deía war auf Mallorca ihr absoluter Lieblingsort gewesen. An wenigstens einem Tag während ihrer Mallorca-Aufenthalte waren sie zum Mittagessen in die Bucht von Deía, Cala Deía genannt, gefahren, um das Fischrestaurant Ca's Patró March zu besuchen. Inka hatte immer wieder betont, die Lage des Restaurants an einem Felsen direkt über dem Mittelmeer erinnerte sie an die Karibik. Inka und er hatten sich in das Lokal wegen der Lage, aber auch wegen der vorzüglichen Küche, dem frischen Fisch und der Freundlichkeit des Servicepersonals richtiggehend verliebt. Nach dem Essen hatten sie ihren Kaffee dann im La-Residencia-Hotel genossen. Der herrliche Park, die Terrasse mit dem atemberaubenden Blick über die Hügel des Tramuntana-Gebirges und auf den malerischen Ort als auch der perfekte Service waren stets ein Highlight ihrer Urlaube auf Mallorca gewesen.

Patrick fühlte sich zunehmend trauriger. *Erinnerungen können etwas sehr Schönes sein*, dachte er. *Sie können aber auch kräftig schmerzen, wie gerade im Moment.*
Er überlegte sich, ob er nicht besser aussteigen sollte, um den Tag doch in Palma zu verbringen, aber in diesem Moment ging ein Rucken durch den Waggon und der Zug fuhr an.

Die Reiseleiterin sprach nun ein wenig schneller. „Von Deía führt der Weg dann weiter nach Valldemossa, wo wir gemeinsam durch den Ort gehen und ich Sie zu den wichtigsten Sehenswürdigkeiten führen werde. Dort haben Sie dann auch Gelegenheit zum Shoppen und können auf eigene Faust Ihre Eindrücke vertiefen. Dann wünsche ich uns allen jetzt eine gute Fahrt!"

Patrick war gerade dabei, schmerzliche Erinnerungen an Valdemossa wachzurufen, als er aus seiner Lethargie gerissen wurde. Ihm wurde rot vor Augen und als er nach oben blickte, entdeckte er, dass es sich um das Kleid der Reiseleiterin handelte, das nunmehr einen Teil seines Blickfeldes einnahm. Einen Moment lang war er verwirrt, dann begriff er, dass die Dame in Rot ihn angesprochen hatte. Ihre Worte bewegten sich nur zäh durch seine Gehirnwindungen und kamen erst mit Verzögerung bei ihm an. Offenbar wollte sie sich vergewissern, dass neben ihm noch frei war. Er nickte ein wenig verlegen und zeigte auf den leeren Platz.

„Sind Sie das erste Mal mit dem Roten Blitz unterwegs?", hörte er sie neben sich sagen. Erst mit leichter Verzögerung erfasste er, dass die Frage ihm galt.

„Ja", antwortete er und nach kurzer Pause ergänzte er: „Aber ich kenne das Tramuntana-Gebirge und die Orte Deía und Valdemossa recht gut."

„Das sind Orte voller Magie, wenn man sich ein wenig außerhalb der Touristenströme bewegt", kommentierte die Reiseleiterin. „Schön, dass wir heute auch so tolles Wetter haben, viel Sonne, aber nicht zu heiß, weil eine angenehme Brise weht. Mallorca zeigt sich von seiner besten Seite, finden Sie nicht?"

Patrick war eigentlich gar nicht nach Kommunikation zumute, aber die gewinnende Art seiner Sitznachbarin und vor allem der leichte französische Akzent lösten positive Schwingungen in ihm aus. Er merkte, wie sehr er es genoss, aus seinen düsteren Gedanken herausgerissen zu werden. Als er sich ihr zuwandte, sah er, dass auf ihrem Kleid ein Schriftzug in goldener Farbe aufgenäht war. Es reizte ihn, zu erfahren, was da stand, weil er aber nicht unhöflich erscheinen wollte, sah er der Frau ins Gesicht, nickte und sagte: „Mallorca ist ein Paradies, wenn man es aushalten kann."

„Gertrude Stein", bemerkte die Reiseleiterin. Patrick war ein wenig verwirrt über ihre, für seinen Geschmack zu direkte, Vorstellung, außerdem hatte sie ihm noch nicht einmal die Hand gereicht. Betont höflich erwiderte er: „Sehr erfreut, Patrick Schefflenz." Die Reiseleiterin brach in ein helles Lachen aus. „Mein Name ist Cati. Schön, Sie kennenzulernen." Sie schmunzelte. „Gertrude Stein war eine US-amerikanische Schriftstellerin, die angeblich Robert von Ranke-Graves, dem Autoren von „Ich, Claudius, Kaiser und Gott", diese Warnung von Mallorca als Paradies, das man aushalten können muss, mit auf den Weg gegeben hat. Er überlegte damals nämlich, nach Mallorca zu ziehen und er hat es trotz ihrer Mahnung getan.

An seinem Haus in Deía fahren wir übrigens heute noch vorbei",
ergänzte sie lächelnd.

Patrick merkte, wie sein Gesicht heiß wurde. „Wie dumm von
mir. Bitte entschuldigen Sie. Natürlich kenne ich Gertrude Stein
und war auch schon auf dem Anwesen von Robert von Ranke-
Graves, aber gerade habe ich überhaupt nicht geschaltet und
deswegen keinen Bezug hergestellt."
Um vom Thema abzulenken setzte er hinzu: „Sie sind
Französin?"

„Ich weiß, mein Akzent verrät mich. Ja, ich bin im Nordwesten
Frankreichs, in der Nähe von Nantes, aufgewachsen. Dort habe
ich noch die Grundschule abgeschlossen. Dann wurde mein Vater
nach Palma versetzt und die ganze Familie ist nach Mallorca
gezogen. Und obwohl das schon 25 Jahre her ist, hört man immer
noch meinen Akzent. Ist das nicht schlimm?"

Patrick hatte rasch hochgerechnet. In Frankreich war man auch
um die zehn Jahre alt, wenn der Wechsel von der Grundschule zu
einer weiterführenden Schule anstand, also müsste die nette
Dame neben ihm 35 Jahre alt sein und damit zwei Jahre jünger
als er, und genauso alt wie Inka. *Mist, dass ich schon wieder an
Inka erinnert werde*, dachte er, laut bemerkte er jedoch: „Dann
müssten Sie jetzt in ihren Dreißigern sein. Sie sehen aber deutlich
jünger aus, scheinbar hält die Insel ihre Bewohner jung."

Wieder lachte Cati hell auf. „Sie sind ein Charmeur, Patrick. Ich
werde in diesem Jahr 36. Das heißt, dass ich beim Einkauf von
Alkohol meinen Ausweis schon sehr lange nicht mehr vorzeigen

muss. Aber vielleicht haben Sie doch auch ein wenig recht, denn in der Tat genieße ich das wunderbare Klima auf Mallorca. Außerdem liebe ich meine Arbeit und bin stets von netten Menschen umgeben. Das hält in der Tat jung."

In diesem Moment stoppte der Zug. Cati stand auf und wandte sich an ihre Reisegruppe. „Der erste Halt der Bahn nach der Abfahrt in Palma ist hier in Son Sardina. Bislang führte der Weg durch ein paar nicht so schöne Stadtviertel von Palma und durch das Gewerbegebiet, aber von nun an empfehle ich Ihnen, immer einmal nach links und rechts aus dem Fenster zu sehen. Nun kommen schöne Wiesen und Felder mit herrlichen Oliven- und Mandelbäumen, gelegentlich auch mal ein mächtiger Johannisbrotbaum. Ich hoffe, Sie genießen die Fahrt." Gefälliges Kopfnicken von allen Seiten zeigte, dass Catis Kunden sich wohl fühlten.

Ein älterer Herr merkte an: „Cati, eine bessere Reiseführerin als Sie gibt es in ganz Palma nicht." Cati erwiderte: „Besten Dank für das schöne Kompliment, aber nun ist auch gut. Ich werde sonst noch ganz verlegen." Patrick konnte sich nicht vorstellen, dass irgendetwas diese selbstbewusste Persönlichkeit in Verlegenheit bringen konnte. Ihm gefiel ihre Reaktion jedoch ausnehmend gut, zeigte sie doch, wie bodenständig Cati trotz ihrer offenkundigen Beliebtheit war.

Als sie sich wieder neben Patrick setzte, sah sie ihn ins Gesicht und lächelte. „Ich gehe sicher nicht falsch in der Annahme, dass wir ungefähr gleich alt sind." „Zwei Jahre können Sie bei mir getrost dazurechnen, aber in der Tat sind wir vom Alter her nicht allzu weit entfernt", ergänzte Patrick.

„Und scheinbar gibt es noch andere Themen, bei denen wir Schnittstellen haben. Nicht sehr viele Menschen, die ich bislang kennengelernt habe, kennen Gertrude Stein und Robert von Ranke-Graves", merkte Cati an.

„Ich war früher sehr oft auf Mallorca. Meine Eltern haben eine Wohnung in Bendinat und die habe ich dann gelegentlich für Aufenthalte mit meinen Kumpels oder meiner früheren Freundin genutzt. Da gab es viele Gelegenheiten, die Schönheit, die Vielfalt und den kulturellen Reichtum der Insel kennenzulernen. Und natürlich die wunderbaren Restaurants, Bars und Chiringuitos. Ich kenne übrigens auch das Restaurant Agapanto sehr gut. Da war ich früher häufig. Aber nun war ich ein Jahr nicht auf der Insel und hätte mir auch gar nicht vorstellen wollen, wieder hierherzukommen, aber man sieht, unverhofft kommt oft ..."

Cati schmunzelte. „Mallorca hat Magie. Hier wird man verzaubert und kennt die Logik dahinter nicht."

Patrick schüttelte leicht den Kopf. „Man kennt die verborgene Logik vielleicht deshalb nicht, weil es keine gibt. Manchmal erscheint mir sogar das Leben an sich sinnlos."

Cati lächelte milde. „Vielleicht ist der Sinn des Lebens das Leben selbst?" „Wieder Gertrude Stein?", fragte Patrick. „Nein, das geht wohl eher in die Richtung Søren Kierkegaard. Das ist ein dänischer Philosoph, den ich auf der Universität gelesen habe."

Der Zug hielt ein weiteres Mal und Cati stand auf, um der Gruppe zu verkünden, dass der Bahnhof Bunyola erreicht worden war. Patrick fiel einmal mehr Catis Professionalität auf. Sie lieferte nicht nur alle wichtigen touristischen Informationen zur Umgebung, sondern wies auch auf alle organisatorischen Belange hin, indem sie unter anderem davor warnte, schon zu diesem Zeitpunkt auszusteigen. „Auch wenn ich vermute, dass die Raucher unter Ihnen schon einen gesteigerten Bedarf an Nikotin haben, bitte haben Sie noch ein klein wenig Geduld. Der Rote Blitz hält in nur 15 Minuten erneut, da darf ausgestiegen werden." Patrick empfand es außerdem als hilfreich, dass sie einen sehr langen Tunnel im Voraus ankündigte. Er mochte Tunnelfahrten nicht und hatte so ausreichend Gelegenheit, sich darauf einzustimmen.

Cati nahm ihren Platz neben Patrick wieder ein. „Was bedrückt Sie?", fragte sie unvermittelt. „Woher wollen Sie wissen, dass mich etwas bedrückt?"

„Ich kann in Gesichtern lesen – das ist zwar nicht immer leicht und hin und wieder irre ich mich auch, aber bei Ihnen bin ich mir sicher. Tief in Ihrem Inneren sind Sie wahnsinnig traurig. Das widerspricht so sehr dem tollen Wetter da draußen, der malerischen Landschaft und der schönen Umgebung, dass es um so offensichtlicher ist. Ich rede zwar viel, ich kann aber auch gut zuhören. Wenn Sie mögen, erzählen Sie mir doch ein wenig über Ihren Kummer. Manchmal fühlt man sich allein dadurch besser, dass die Dinge endlich ausgesprochen sind. Jetzt kommt ohnehin gleich der Tunnel, da werden die mechanischen Geräusche des Zuges so verstärkt, dass niemand sonst hören kann, worüber wir sprechen."

Patrick war überrascht und fühlte sich ein wenig überfahren. Das letzte, was er im Moment wollte, war es, einer Fremden seinen Weltschmerz zu erklären und sich außerdem über die Trennung von Inka auszulassen. Aber Cati hatte so ein einnehmendes Wesen und mit einem Mal überkam ihn auch das Bedürfnis zu reden. Er erzählte ihr in groben Zügen die Geschichte seiner Beziehung mit Inka, vom ersten Treffen an der Universität, über das gemeinsame Studium, die Mallorca-Urlaube und bis zur Trennung. Es fügte sich, dass genau nach der Ausfahrt aus dem Tunnel der Moment gekommen war, in dem er Cati erzählte, wie Inka ihm heute vor einem Jahr im Restaurant Agapanto in Port de Sóller den Laufpass gegeben hatte – nach 12 Jahren gemeinsamer Beziehung.

Cati hatte die ganze Zeit nur zugehört. Als er nun am Ende seiner Erzählung angekommen war, sah sie ihn mitfühlend an. Sie legte ihm die Hand auf den Arm und sagte: „Das tut mir sehr leid. Es ist zwar nicht so, dass mit einer Trennung die Welt untergeht, aber meistens fühlt es sich exakt so an." Patrick nickte heftig. Genauso hatte er es empfunden. Vieles, was ihm bis dato wichtig gewesen war, hatte sich mit Inkas Weggang aus seinem Leben verabschiedet.

„Eine Frage habe ich noch", ergänzte Cati. „Hatten Sie den Eindruck, dass sich Ihre Freundin in den Monaten vor der Trennung verändert hat?"

Wieder war Patrick über die Direktheit und den Inhalt der Frage überrascht und sogar ein wenig betroffen, denn in der Tat hatte sich Inka schleichend verändert. Sie war launischer, ungeduldiger und fahriger geworden. Ihm fielen plötzlich viele Momente ein, in denen Inka plötzlich eine ganz andere Attitüde an den Tag gelegt hatte, als in den Jahren zuvor. Sie hatte ihr Aussehen verändert, die Haare kurz geschnitten, von eleganter auf lässige Kleidung umgestellt und begann an allem herum zu nörgeln. Aber noch immer wusste er nicht, warum er mit einer Fremden diese intimen Erkenntnisse aus seiner früheren Partnerschaft teilen sollte.

Er wollte gerade antworten, als der Zug wieder zum Stehen kam. Cati war bereits aufgestanden. „Wir machen hier einen Stopp, um einen entgegenkommenden Zug passieren zu lassen. Da dies ein paar Minuten dauern wird, besteht die Möglichkeit, auszusteigen, um sich die Beine zu vertreten, Fotos zu machen und natürlich, um zu rauchen."

Patrick hatte während ihrer Ansprache nach draußen gesehen und beobachtet, wie sich die Plattform mit den Reisenden füllte, die dem Roten Blitz einer nach dem anderen entstiegen. Als er sich wieder dem Innenraum zuwandte, stellte er fest, dass die gesamte Reisegruppe ausgestiegen war. Nur er und Cati befanden sich noch im Waggon. Mit einem Mal fühlte er sich seltsam beklommen.

„Müssen Sie nicht draußen bei ihren Kunden sein?", merkte er an. Noch immer verspürte er wenig Lust, über die Details seiner verflossenen Partnerschaft zu sprechen.

Cati ging nicht auf die Frage ein. „Hier auf Mallorca, aber auch an vielen anderen Orten auf der Welt gab es eine Tradition, dass wenn der Partner starb, eine einjährige Trauerzeit abgehalten wurde. Witwen und Witwer trugen ein Jahr lang schwarze Kleidung. Erst nachdem das Jahr herum war, hat man wieder helle Kleidung getragen und am Leben heiter und freudig teilgenommen. Unabhängig davon, ob es Sinn macht, ein Jahr zu trauern und schwarze Kleidung zu tragen, Ihr Trauerjahr ist dann ja genau heute herum. Vielleicht gibt es einen Grund, warum Sie diese Reise unternommen haben und mit den Orten Ihren Frieden machen sollen, die unschuldig an Ihrem Schicksal sind."

Draußen ertönte ein Pfiff, das Zeichen, dass der Stopp zu Ende ging und der Zug wieder bestiegen werden sollte. Cati nahm die Mitglieder der Reisegruppe in Empfang, die begeistert von der schönen Aussicht berichteten, von der faszinierenden Landschaft und dem markanten Duft der Pinien.

Der intime Moment zwischen ihnen war verflogen. Patrick war sich plötzlich gar nicht mehr sicher, ob Cati all das, was er meinte vernommen zu haben, auch wirklich gesagt hatte. Die Situation erschien ihm extrem unwirklich.

Der Zug fuhr an und wieder saß Cati auf dem Platz neben ihm. Sie sah ihn direkt an, ihr Blick war ohne jedes Arg und ihr Lächeln ansteckend. Langsam zeichnete sich auch auf Patricks

Gesicht ein Lächeln ab. Noch aufmerksamer als zuvor betrachtete er ihr Gesicht. Die Schönheit und Anmut, die es ausstrahlte, berührten ihn zutiefst.

„Manchmal gibt es Dinge zwischen Himmel und Erde, die man nicht erklären kann. Ich glaube, dass es Zeichen gibt, dass es eine Bestimmung gibt, wo wir wann sein werden und wen wir da treffen sollen. Und dennoch, ich glaube auch an die Freiheit unserer Entscheidungen. Wenn die Vorhersehung meint, dass Sie heute noch an einem bestimmten Ort erscheinen sollen, dann wird das Universum alles dafür tun, dass Sie an diesem Ort auch ankommen. Wenn Sie spüren, dass Sie irgendwo hinsollen, sich aber nicht auf den Weg machen, dann werden Sie nicht ankommen. Ich weiß zwar nicht, wohin Ihre Reise gehen soll, aber ich weiß, dass Sie sich schon auf den Weg gemacht haben. Sie haben sich ein Flugticket nach Mallorca und ein Bahnticket nach Sóller gekauft. Und wir kommen jetzt gerade in Sóller an. Bleiben Sie aufmerksam und bleiben Sie dran. Und glauben Sie mir, so etwas wie Zufälle gibt es nicht."

Cati stand auf und blickte Patrick aufmunternd an. Jetzt endlich konnte er den Namen der Firma erkennen, der in Gold auf dem roten Kleid eingestickt war. Genau darunter stand ein Slogan, der Patricks Aufmerksamkeit erregte: „Elige bien quien te guia" – „Wähle weise aus, wer Dich führt." Schon wieder so ein Zeichen? Patrick war gerade nicht in der Stimmung, darüber nachzudenken. „Mein Name ist Cati Foudre", sagte sie und zwinkerte ihm zu. „Vielleicht sehen wir uns ja einmal wieder."

Der Zug war zum Stehen gekommen. Patrick sah auf den Bahnhof von Sóller hinaus. Er war noch immer nicht fähig, klar zu denken. Ihm war, als hätte ihn der Blitz getroffen. Er kramte in seinen lange verschütteten Französischkenntnissen. *Foudre, foudre, foudre – was heißt das gleich noch mal?* Aus dem Augenwinkel heraus sah er gerade noch ein Stück des leuchtend roten Kleides, bevor Cati vollständig aus seinem Blickfeld verschwand. *Vielleicht habe ich das mit dem Roten Blitz falsch verstanden*, dachte er, denn in diesem Augenblick erinnerte er sich an den Französischunterricht an der Universität und dass Blitz auf Französisch „Foudre" heißt.

„Ich glaube, ich habe mich soeben in Frau Blitz mit dem roten Kleid verliebt." Patrick schüttelte ungläubig den Kopf. *Wie es aussieht, ist meine Trauerzeit vorbei.* Er sprang auf und verließ den Zug. Wenn das Universum es wollte, dann würde er Cati einholen. Davon war er fest überzeugt.

Läuft mit Kultur

Beim Einstieg in das Flugzeug schaute Moritz aufmerksam nach links und rechts und drehte sich auch immer einmal verhohlen um. Ihm war so, als hätte er in den langen Gängen des Flughafens Klassenkameraden entdeckt und er wollte unbedingt vermeiden, dass diese ihn in Begleitung seiner Eltern und seiner kleinen Schwester sahen.

Andere in seinem Alter flogen schon mit ihren Freunden in die Sommerferien. Sogar ohne elterliche oder sonstige Begleitung. Moritz hätte sich das ebenfalls zugetraut. Gemeinsam mit ein paar Freunden losziehen und mit ihnen die Strände, Bars und Clubs der Partyinsel durchforsten, hier und da mal 'ne Kleinigkeit gegen den Durst trinken und Ausschau nach hübschen Mädchen halten – so konnte er sich eine Reise nach Mallorca schon eher vorstellen. Leider war er nun mal erst sechzehn. In seiner Familie galt er damit noch als Kind und nicht annähernd als erwachsen genug, um alleine auf Reisen zu gehen. *Tja, da muss ich durch*, dachte er, erpicht darauf achtend, dass niemand aus seiner Schule ihn sah.

Er hatte vor der Reise ein wenig herumgenölt und versucht, die Eltern umzustimmen, aber ohne Erfolg. Viel Auswahl hatten seine Eltern ihm nicht angeboten, entweder er kam mit oder er musste die Zeit bei den Großeltern verbringen.

Und da so ein Trip nach Spanien eigentlich ziemlich cool klang und Moritz seine Familie auch nicht gerade als die fürchterlichste empfand, hatte er eingewilligt.

Von Frankfurt aus ging es nach Palma – nach nur zweieinhalb Stunden landete das Flugzeug bereits vor Ort. *Zum Glück ging das so schnell,* dachte Moritz, denn trotz der entsprechenden Verbote hatte man deutlich gemerkt, dass nicht wenige der Passagiere schon vor ihrem Einstieg ins Flugzeug ordentlich Alkohol getankt hatten. Das war anhand ihrer Lautstärke, der Sinnlosigkeit ihrer Gespräche und ihren Fahnen deutlich zu erkennen gewesen.

Moritz war sich nicht ganz sicher, aber er hatte das Gefühl gehabt, auch mindestens ein paar seiner Schulkameraden unter den Angetrunkenen erspäht zu haben. Um nicht entdeckt zu werden, hatte er einen Großteil des Fluges in geduckter Haltung verbracht. Jetzt tat ihm der Nacken weh. Er fühlte sich nicht gerade wohl und war froh, dass er beim Aussteigen niemand gesehen hatte, den er kannte.

Nachdem die Familie ihr Gepäck in Empfang genommen hatte, nahm die Familie ein Taxi in die Innenstadt, wo sich das Hotel befand. Moritz' Eltern bemühten sich immer, eine möglichst erlebnisreiche und spannende Reise zu gestalten. Moritz wusste das zu schätzen und zumindest seine Schwester hatte bislang einen Heidenspaß gehabt.

Von dem Moment an, in dem sie in Frankfurt außer Haus gegangen waren, bis jetzt, hatte sie gestrahlt, gewitzelt, Moritz gepiesackt und somit alles getan, was ihr Leben lebenswert machte.

Moritz ließ das alles eher über sich ergehen. Er verhehlte jedoch nicht, dass er sich für zu alt hielt, um noch immer mit der Familie in den Urlaub fahren zu müssen – er schmollte hier und da, was allerdings kollektiv und konsequent übersehen wurde. Zurecht nahm er an, denn nicht einmal er selbst nahm sein sporadisches Gezeter für bare Münze.

Er konnte schließlich auch nicht leugnen, dass seine Eltern den Kindern eine grandiose Reise ermöglichten. Palma gefiel ihm jetzt schon und er hatte vor, wenn er schon mit der Familie reisen musste, das Beste daraus zu machen. *Das Wichtigste ist, möglichst niemandem aus meiner Schule über den Weg zu laufen. Auf einer Insel ist das aber vielleicht gar nicht so einfach*, sorgte er sich.

Der partywütige Teil der scheinbar riesengroßen Stadt lag jedoch nicht in den Vierteln, in denen sich das von seinen Eltern gebuchte Hotel befand. Dieses lag in der wunderschönen Altstadt mit ihren hübschen Gässchen und historischen Sehenswürdigkeiten. Das Hotel befand sich unweit des Paseo del Borne, einer Prachtstraße, die Moritz schon vom Taxi aus aufgefallen war.

Für den ersten Tag hatte Moritz' Mutter eine Stadtführung gebucht. Nachdem sie eingecheckt und ihr Gepäck im Hotel abgeladen hatte, machte sich die Familie auf den Weg zum Treffpunkt. Zufrieden stellte Moritz fest, dass es einen McDonald's unweit des Hotels gab.

Das sichert das Überleben, wenn mir die Sachen hier in Spanien nicht schmecken, dachte er und machte eine zufriedene Miene.

„Sieh mal, die Sphinxe!" Seine Schwester deutete auf zwei große Skulpturen, die sie auf dem Weg zum Treffpunkt passierten. „Na und?", kommentierte Moritz etwas geringschätzig. Insgeheim musste er allerdings zugeben, dass die beiden Fabelwesen richtig beeindruckend aussahen. Sie standen am Beginn einer wunderschönen Allee, die an diesem Morgen prachtvoll von der Sonne beschienen wurde und Lust zum Bummeln machte. Überall waren Straßencafés, aber, wie Moritz beim Vorbeigehen bemerkte, gab es keinen einzigen freien Platz. *Das muss eine sehr beliebte Ecke sein. Kein Wunder, bei den palastähnlichen Gebäuden, die diehammermäßige Straße säumen.* Moritz war beeindruckt. Er konnte die vielen Eindrücke, die sich ihm boten, kaum verarbeiten.

„Schau mal, da ist H & M und da ist Zara und da ist Massimo Dutti!" Die Schwester zeigte auf die bunt dekorierten Schaufenster der Geschäfte auf der rechten Straßenseite. „Nach der Stadtführung machen wir Shopping, ja?" Sie schaute die Mutter bittend an, aber die wies das Ansinnen mit einem leichten Kopfschütteln zurück. „Heute Nachmittag geht es an den Strand. Bei so einem schönen Wetter muss man sich nicht in geschlossenen Räumen aufhalten."

Die Erklärung war so gut und ein Strandbesuch dermaßen attraktiv, dass Moritz' Schwester entgegen ihrer sonstigen Gepflogenheiten nicht widersprach und sich in das Tagesprogramm fügte.

„Hier stehen ja nochmals zwei Sphinxe!" Die Schwester deutete nun zum Ende der Prachtstraße und tatsächlich war die Allee auch am unteren Ende mit zwei ägyptischen Skulpturen bestückt. *Das hat sicher eine Bedeutung,* überlegte Moritz, aber noch bevor er seine Gedanken vertiefen konnte, rief die Mutter: „Schnell, die Fußgängerampel ist grün. Wir müssen uns beeilen, die Führung beginnt gleich."

Am Startpunkt der Tour standen noch zwei weitere Kleinfamilien und drei Pärchen, um sich durch die Stadt führen zu lassen. Alle sprachen sie deutsch. *Gut so,* freute sich Moritz, *denn Spanisch kann keiner von uns und im Englischen sind wir auch nicht gerade sattelfest.*

Plötzlich kam Bewegung in die Gruppe der Wartenden. Eine weitere Person war angekommen. Dabei handelte es sich offensichtlich um den Tourguide, denn er fragte die Pärchen und Familien nach ihren Namen und verglich diese mit einer Liste auf seinem Smartphone.

Es scheint alles zu stimmen und wir sind wohl vollständig, dachte Moritz, denn der Guide bat nun die kleine Gruppe, mit ihm die Straße zu überqueren und in einen kleinen Park einzutreten.

Hier begrüßte er sie offiziell und teilte mit, dass der Park, eine mallorquinische Gartenanlage, die sich unterhalb des Palastes befindet, „Königlicher Garten" genannt wird.

Hübsch ist es hier, stellte Moritz fest, doch musste er sich zugestehen, dass er in solchen Dingen wohl ein Kunstbanause war. Für ihn sah der Park aus, wie ein Park nun mal auszusehen hatte: Blumen, Bäume, Parkbänke und Wasserspiele.

Okay, die sind etwas Besonderes, befand Moritz, als er dem Guide wieder zuhörte, der engagiert davon erzählte, was so toll an diesem Ort war.

Doch plötzlich merkte Moritz auf. *Hat der Guide gerade ernsthaft gesagt, dass wir den schönsten Hintern der Stadt zu sehen bekommen?* Moritz war sich nicht ganz sicher, ob er das richtig verstanden hatte, aber da zeigte der Tourguide bereits auf den unteren Rücken einer Statue. Moritz beeilte sich damit, um die State herum zu gehen und sich selbst zu überzeugen, wovon der Guide da erzählte.

In diesem Moment rempelte er ein Mädchen an, die mit ihrer Familie ebenfalls Teilnehmerin der Tour war. „Entschuldigung." „Ach was, nichts passiert", erwiderte das Mädchen. Gleich darauf wandte sie sich ihrer Mutter zu und rief lachend: „Sieh mal, Mama, ein richtig straffer Hintern, da hängt nichts."

Automatisch drehten sich nun alle Teilnehmer der Mutter zu, die den Kommentar lachend aufnahm und ironisch erwiderte: „Du kannst mit deinen 16 Jahren auch noch eine hinter die Ohren bekommen, wenn's sein muss."

Das junge Mädchen wirkte nicht im Geringsten beeindruckt, denn sie fuhr mit der flachen Hand über den Popo aus Marmor und rief ihrer Mutter zu: „Und zart ist er auch noch." Die ganze Gruppe inklusive des Guides war am Schmunzeln und Moritz' Neugier war angestachelt.

Aus dem Augenwinkel heraus sah er sich das Mädchen näher an. Er wusste nun ja, dass sie in seinem Alter war. Abgesehen davon sah sie süß aus, trug zwei blonde Zöpfe und hatte Sommersprossen.

Moritz hatte aber kein bisschen das Gefühl, dass auch sie lieber alleine unterwegs gewesen wäre. Im Gegenteil, sie schien die Gesellschaft der Eltern sehr zu genießen.

Ihm war bereits aufgefallen, dass sie immer ganz nahe bei dem Reiseleiter stand und ihm aufmerksam zuhörte. Außerdem sah sie immer gleich dorthin, wo er hin zeigte, und machte sogar hier und da Notizen.

Entweder war das ihre Taktik, um souverän auszusehen, oder sie interessierte sich wirklich brennend für alles, was der Fremdenführer von sich gab. *Hm, was war nur mit ihr?*

Interessiert konnte sie an diesem Typen nicht sein, denn er war nicht nur deutlich älter als sie, sondern, Moritz' Meinung nach, auch nicht besonders gutaussehend.

Also beschloss Moritz, sein Glück bei ihr zu versuchen. *Aber wie?*, fragte er sich. Es war eine herausfordernde Situation. Einerseits wollte er sich keine Blöße vor seinen Eltern geben, genauso wenig vor ihren Eltern und am wenigsten vor dem Mädchen selbst.

Er war noch intensiv am Nachdenken, als die Gruppe bereits wieder Halt machte. Die nächste Station war wiederum eine Statue, die eine Art Naturkrieger darstellte. Moritz stellte sich weiter nach vorne, zu den Strebern, die alles ganz genau wissen wollten. So erfuhr er, dass die Mallorquiner historisch wohl sehr gute Steinschleuderer gewesen waren, so gut, dass die Römer, als sie die Insel Mallorca von den Phöniziern erobert hatten, den Einheimischen den griechischen Namen für Steinschleuderer gegeben hatten. „Balear", so hatte er gerade erfahren, bezeichnete auf griechisch einen Steinschleuderer. *Cool,* dachte er, *das weiß niemand aus meiner Klasse. Da werde ich nach den Sommerferien echt punkten können.*

Während die kleine Gruppe dem Guide hinterher in Richtung Hafen schlenderte, schob sich Moritz noch weiter nach vorne, direkt zu dem Mädchen, das ihn interessierte. Er tat das möglichst unauffällig und nahm an, dass es bislang ganz gut geklappt hatte. Keiner schöpfte Verdacht – höchstens seine Eltern, die sich womöglich wunderten, wieso er plötzlich so versessen auf Geschichte war, die ihn sonst nie interessierte.

„Wir sind nun im Parc de la Mar angekommen", tat der Reiseleiter kund. „Dieses Areal wurde erst im Jahr 1983 eingerichtet."

Moritz horchte auf. Das war das Geburtsjahr seiner Mutter. Er sah sie an, sie verzog aber keine Mine. Scheinbar war ihr es nicht wichtig, dass die beiden Ereignisse im gleichen Jahr stattgefunden hatten.

Vielleicht hörte sie aber auch nur aufmerksam dem Guide zu, der nun ausführte, dass es in diesem Parc de la Mar ein besonderes Kunstwerk gab, ein Bild, dessen Erstellung der berühmte Maler Joan Miró im September 1983 noch eigenhändig angeleitet hatte. „Da war er schon 90 Jahre alt", fuhr der Guide fort. „Die Bilder Mirós werden heute für viele Millionen gehandelt", ergänzte er, dann deutete er auf das Gemälde. „Dieses Kunstwerk steht seit eh und je unbewacht im Freien. Noch kein einziger Graffitikünstler hat bislang gewagt, es anzusprühen."
„Unglaublich", entfuhr es dem hübschen Mädchen und Moritz bemerkte, dass sie das Bild mit großem Interesse betrachtete.

Gut zu erkennen waren skurrile grüne Figuren auf einer blauen Wand, aber für die Details war das Kunstwerk zu weit entfernt. Moritz zog sein Smartphone heraus, klickte auf die Kamera und zoomte das Motiv heran. Dank der integrierten dritten Kamera waren nun die Details trotz der enormen Vergrößerung gut zu erkennen. Begeisert drückte er auf den Auslöser. In seiner Fotogalerie sah er sich das Bild nochmals an. Das hübsche Mädchen war unbemerkt neben ihn getreten und schaute ebenfalls auf den kleinen Bildschirm. „Wow, genial!", entfuhr es

ihr. „Und noch dazu so scharf. Das schafft mein Handy nicht."
Moritz sah auf. „Soll ich dir das Bild schicken?" „O ja, sehr
gerne, ich gebe dir gleich mal meine Mobilnummer."

Läuft, dachte Moritz. Während sich die Gruppe ein paar Meter
weiterbewegte, konnte er sich mit dem hübschen Mädchen ein
bisschen unterhalten. Er fand heraus, dass ihr Name Anna war,
und dass sie auch aus Deutschland kam, zwar nicht aus Frankfurt
wie er, dafür aus Leipzig. *Na,* dachte er, *immerhin kommen wir
aus demselben Land.* Des Weiteren erzählte sie ihm, dass
Geschichte ihr absolutes Lieblingsfach in der Schule und
außerdem ihr Hobby im außerschulischen Leben war. *Gut zu
wissen!*

Es ging weiter und als irgendwelche gleichaltrigen deutschen
Jungs lallend und grölend an der Gruppe vorbei wankten, sah
Moritz die Abscheu in Annas Gesicht. „Iiih! Wie kann man sich
nur so sinnlos betrinken und all das Schöne auf dieser Insel
verpassen?", bemerkte sie beiläufig. Er überlegte kurz und
entschloss sich, beizustimmen: „Ja, das hat gar nichts! Lieber hier
schön ein bisschen Kunst und Sehenswürdigkeiten anschauen!"
Er sah zu ihr rüber, um zu prüfen, ob er zu dick aufgetragen hatte,
aber alles schien im grünen Bereich zu sein.

Nach nur wenigen Schritten war die Gruppe schon wieder zum
Stehen gekommen. Der Guide begann zu erklären, dass man hier
an einem ganz offiziellen Denkmal angekommen sei. Moritz
beugte sich vor und sah eine am Boden liegende Sonnenuhr.

Während der Guide darüber informierte, dass diese Sonnenuhr zur Erinnerung daran errichtet worden war, dass sich Spanien seit 1942 in der falschen Zeitzone befindet, beobachtete Moritz, wie konzentriert Anna den Ausführungen des Guides folgte. Und tatsächlich war die Geschichte auch für ihn unglaublich spannend.

Kurz nach seiner Machtergreifung hatte Franco die Uhren „eine Stunde nach vorne gedreht", wie es der Guide erklärte, um die Koordinierung mit dem Deutschen Reich einfacher zu machen, da man mit der Zeitumstellung nun in der gleichen Zeitzone wie Deutschland war.

Eine Gedenktafel im Boden vor der Sonnenuhr informierte in vier Sprachen über diesen Sachverhalt.

Der Guide beendete seine Ausführungen, indem er auf einen Sockel deutete, der die am Boden liegende Sonnenuhr in zwei Hälften teilte. Neben dem Sockel befanden sich Datumsangaben, und obwohl die Bezeichnungen auf Spanisch waren, konnte Moritz ablesen, dass es sich um Monatsnamen handelte, vor denen jeweils ein Datum stand. Da war der Lateinunterricht doch für irgendetwas gut.

Der Tourguide berichtete, dass die Sonnenuhr noch immer die „wahre Zeit" anzeigen würde, die von der auf ihren Armbanduhren abweichen würde, denn die Zeitumstellung war ja von Menschen gemacht. „Von der Natur her", hörte Moritz, „müsste Spanien sich in der Greenwich Mean Time befinden und damit in der gleichen Zeitzone wie Großbritannien. Um dies überprüfen zu können, hat man die Sonnenuhr auf den Boden gelegt. So wird der Mensch zum Uhrzeiger und wenn man an die richtige Stelle tritt, und die Sonne scheint, wird ein Schatten auf eine römische Ziffer geworfen und dieser Schatten zeigt dann die wahre Zeit."

Moritz hatte so weit zugehört, dann aber die am Boden liegende Sonnenuhr intensiver betrachtet und dabei nicht gemerkt, dass der Guide ihn nun direkt angesprochen zu haben schien, denn als Moritz aufsah, waren alle Blicke auf ihn gerichtet.

„Magst du einmal den Zeiger spielen?", hörte er den Guide fragen. Moritz war ein wenig verlegen, denn er wollte sich in keinem Fall vor Anna blamieren.

„Zunächst einmal müssen wir wissen, in welchem Monat wir uns befinden", führte der Guide aus. *Das ist einfach.* Moritz suchte die Bezeichnung für August. „Agosto" stand da oben an der Sonnenuhr und daneben die Zahl 23. Moritz deutete in Richtung dieser Datumsangabe. „Der August ist hier, aber der 23. ist erst in zwei Wochen." Fragend sah er den Guide an. „Genau richtig", lobte dieser. „Daher stellst du dich jetzt einmal genau in die Mitte der Daten, also zwischen den 23. Juli und den 23. August. Und da heute die Sonne wieder zuverlässig scheint, was sie hierzulande übrigens an etwa 300 Tagen im Jahr macht, wird dein Schatten uns gleich eine Uhrzeit zeigen." Moritz war auf den kleinen Sockel gestiegen, der sich in der Mitte der Sonnenuhr befand, orientierte sich in Richtung Sonne, bemerkte aber, dass sein Schatten zu kurz war, so dass er nicht bis zu den eingemeißelten römischen Ziffern reichte. Ihm kam die Idee, seinen linken Arm auszustrecken und tatsächlich, dessen Schatten wurde nun genau zwischen die Ziffern IX und X geworfen, wo auch ein ½ eingemeißelt war.

„Sehr gut", lobte der Guide wieder. „Der Schatten des jungen Mannes zeigt uns nun also die wahre Zeit an. Wir haben auf unserer Armbanduhr halb zwölf stehen, in der Natur ist es aber erst halb zehn." Fragend sah er in die Runde und nickte dabei in Moritz Richtung. „Das mit dem Arm hast du clever gemacht. Sehr gut." Moritz war ein wenig verlegen, aber erfreut, dass er vor Anna gelobt wurde, die er nun fragen hörte: „Aber die Greenwich Mean Time hat doch nur eine Stunde Unterschied zur Mitteleuropäischen Zeit. Warum zeigt der Schatten von Moritz dann einen Unterschied von zwei Stunden an?"

Das Grinsen im Gesicht des Tourguides wurde breiter. „Genau richtig – sehr gut bemerkt.

Dafür gibt es einen Grund. Hat jemand eine Idee, warum die Sonnenuhr in der Tat um zwei Stunden differiert?" Auffordernd sah er in die Runde.

Moritz war sich zwar nicht klar, woher die plötzliche Eingebung kam, aber er rief: „Es ist die Sommerzeit, die kommt auch noch dazu." „So ist es." Der Guide hatte sich ihm zugewandt und den Daumen gehoben. „Das hast du genau richtig gesagt. Die Sommerzeit wurde ebenfalls von Menschen gemacht. Davon weiß die Natur nichts. Im Sommer beträgt die Differenz also zwei Stunden und im Winter eine Stunde, die die wahre Zeit von der aktuellen Zeit in Spanien abweicht. Und das könnte erklären, warum die Spanier im Sommer so spät zu Abend essen. Wenn der Spanier nach der Armbanduhr um zehn Uhr zum Abendessen geht, ist es von der Natur her gerade einmal acht Uhr. Und um diese Zeit essen viele Menschen in Mitteleuropa gleichfalls zu Abend." Mit einem zustimmenden Nicken kommentierten die Teilnehmer die Ausführungen des Guides, der sich nun zum Gehen wandte.

Als auch Moritz sich umdrehte, sah er plötzlich direkt in das Gesicht von Anna, die neben ihn getreten war. „Du bist ja eine echt coole Socke! Was du alles weißt!" Sie sah ihm direkt in die Augen. „Hast du Lust, nach der Tour auf ein Eis mitzukommen?", fragte sie und zeigte auf ihre Eltern, die sich beim Gehen mit Moritz' Eltern unterhielten. „Unsere Eltern scheinen sich gut zu verstehen. Das sollten wir ausnutzen und etwas gemeinsam unternehmen. Vielleicht ergeben sich ja noch mehr Gelegenheiten für gemeinsame Aktivitäten. Wir sind heute erst angekommen und bleiben zwei Wochen."

Moritz konnte sein Glück kaum fassen. Zustimmend nickend sagte er: „Das mit dem Eis machen wir. Meine Schwester und meine Eltern lieben Eiscreme." Bei sich dachte er: *Das werden die schönsten Ferien meines Lebens.*

Ganz großes Strandkino

Rainer war innerlich am Fluchen. So hatte er sich den Strandtag nicht vorgestellt. Bereits vor über 20 Minuten hatten sie das Auto abstellen müssen. Eine weitere Annäherung an den berühmten Es-Trenc-Strand mit seinem klaren Wasser und dem feinen weißen Sand war nicht möglich. Die Zufahrt war gesperrt und ein recht grimmig aussehender Polizist in Uniform der Policía Local sorgte dafür, dass niemand der Versuchung erlag, die Verbotsschilder zu ignorieren.

Rainer sah sich um. Nur zwei Schritte hinter ihm lief Maike, seine Freundin. Sie trug die beiden Schirme und die Strandtasche. Sie war guter Dinge. Die Schlepperei und der Weg schienen ihr nichts auszumachen. Im Gegenteil, die Vorfreude auf einem Tag an ihrem Lieblingsstrand auf Mallorca war ihr ins Gesicht geschrieben.

Rainer setzte die schwere Kühltasche ab und wechselte die Trageseite. „Na, geht es denn noch?", hörte er von hinten. „Muss ja", grummelte er in seinen nicht vorhandenen Bart. „Vielleicht hätte ja auch ein 6er-Träger Bierdosen gereicht, dann wäre deine Last nicht so schwer geworden", unkte Maike.

„Da ist nur ein Sixpack von mir drin. Es sind deine Flaschen mit stillem Wasser, die die Kühlbox so schwer machen", konterte Rainer.

„Von mir ist nur eine Flasche drin", widersprach Maike. „Da tippe ich doch eher darauf, dass die beiden Weinflaschen, die du unbedingt mitnehmen wolltest, für lange Arme sorgen, Liebling.

Wer fährt denn heute Abend nach Hause, wenn du den Inhalt der Kühlbox tatsächlich geleert haben solltest?", fragte Maike ein wenig vorwurfsvoll.

Wahrscheinlich jemand, der den ganzen Tag nur Wasser trinkt, wollte Rainer erwidern. Er schaffte es gerade noch, sich den Spruch zu verkneifen. Er hatte nämlich tatsächlich vor, Maike im Laufe des Tages zu überreden, dass sie nach Hause fahren sollte, damit er seine paar Bier und ein paar Gläser Wein unbeschwert genießen konnte.

„Ist ja nicht mehr weit", tröstete ihn Maike. „Ich kann das Meer schon sehen." Rainer hob den Kopf und sah nach vorne. Tatsächlich, am Ende des Weges schimmerte es blau, was Rainer motivierte und ihn seine Laufgeschwindigkeit erhöhen ließ.

Als sie endlich am Strand ankamen, zeigte es sich, dass sie nicht die Ersten waren, die einen Strandtag geplant hatten. Etwa 300 Meter links und rechts vom Weg waren schon dicht belegt mit Urlaubern.

„Das hatte ich mir anders vorgestellt", fluchte Rainer vor sich hin. „Sicher." Maike lachte. „Ein romantischer Strandabschnitt nur für uns zwei, so wie im Film *Die Blaue Lagune* – und das mitten im August auf Mallorca am beliebtesten Strand der Insel", frotzelte sie.

„Jetzt kommt es auf zehn Minuten mehr auch nicht mehr an. Wir laufen hier oben am Strand entlang, bis es deutlich weniger wird mit der Belegung und suchen uns ein etwas privateres und lauschigeres Plätzchen." Rainer war verblüfft, sich das sagen zu hören, aber Maike hatte schon freudig zugestimmt, so dass er sich auf den Weg machte und an den Massen von Sonnenhungrigen vorbeizog.

Letztlich bedurfte es doch zwölf Minuten, aber schließlich lag ein nahezu unbelegter Strandabschnitt vor den beiden. Nach ein paar Metern mühsamen Stapfens durch tiefen Sand setzte Rainer die Kühlbox ab. Er sah sich noch einmal vergewissernd um und nickte dann. Das Meer lag still und wirkte im grellen Sonnenlicht türkisblau. Kleine Wellen plätscherten an den Strand, ansonsten war es angenehm ruhig. Bis auf ein paar alte Plastikflaschen und ein wenig Seetang wirkte es recht sauber. Das war ein guter Platz. Maike hatte bereits die beiden Schirme in den Sand gerammt und war dabei, die Strandtücher auszurollen.

Durst, signalisierte Rainers Gehirn. Er angelte sich eine der eisgekühlten Bierdosen aus der Kühlbox und wollte sie gerade öffnen, als ihm seine gute Erziehung doch noch einfiel. Er drehte sich zu Maike um und fragte, ob sie auch ein Bier haben wollte. Ihre Laune war mit Ankunft an dem schönen Strandabschnitt nochmals deutlich gestiegen. „Später vielleicht, erst einmal sehe ich zu, dass die Last der Wasserflasche weniger wird und trinke einen Schluck." Rainer hob den Deckel der Kühlbox an und hielt ihr die Wasserflasche hin, die sie dankend annahm.

Rainer öffnete die Dose und das typische Zischen war zu hören. Er sah aufs Meer und genoss den hopfigen Geschmack seines Lieblingsbieres.

„Ab jetzt nur noch Entspannung", kommentierte er Richtung Maike. Im Nu hatte er sich auf einem der Strandtücher ausgetreckt. „Komplett angezogen wirst du bestimmt überall richtig schön braun", witzelte Maike. „Wo sie Recht hat, hat sie Recht", grummelte Rainer und stand nochmals auf.

Maike hatte die Zeit schon genutzt und stand im Bikini vor Rainer. Sie hielt ihm eine Tube Sonnencreme hin. „Bevor du wieder liegst, creme mir bitte noch den Rücken ein!"

„Nur den Rücken", musste Maike bereits zum zweiten Mal schmunzelnd mahnen. „Hier sind Leute." Rainer war ihr mit seinen Händen das eine oder andere Mal über den Po gefahren. „Ich muss ein wenig über den Rücken hinaus gehen, sonst verteilt sich die Creme nicht richtig." „Ja, aber die Bikinihose braucht keinen Sonnenschutz. Dreh du dich mal um! Ich zeige dir, wie das geht."

Wenig später war auch Rainer vollständig eingecremt. Er angelte sich die zweite Dose Bier aus der Kühlbox und genoss den Moment.

Welch ein Unterschied zu gestern, dachte er. Am Strand von Arenal lag es sich zwar auch sehr gut, aber alle paar Minuten kamen fliegende Händler und selbst ernannte Masseure vorbei, die Waren oder ihre Dienste anboten, so dass sich die Erholung einfach nicht einstellen wollte.

Das war hier anders. Die nächsten Urlauber lagen gute 20 Meter entfernt. So weit wie Maike und Rainer hatte sonst wohl niemand die schweren Strandutensilien schleppen wollen.

Zufrieden lag Rainer auf seinem Strandtuch, doch die erhoffte Entspannung wollte sich irgendwie nicht einstellen. Irgendein surrendes Geräusch nahm an Intensität zu, so dass er sich wieder aufrichtete, um herauszufinden, woher die Störung rührte.

Platoon, schoss es ihm durch den Kopf, denn ähnlich wie in dem berühmten Anti-Kriegsfilm nahmen gerade drei in Formation fahrende Schlauchboote Kurs auf genau den Strandabschnitt, den sich Maike und Rainer ausgesucht hatten.

Am Bug der drei schnell heranfahrenden Boote standen junge Männer in weißer Uniform, die darauf vorbereitet schienen, bald ins Wasser zu springen.

„Sieh dir das an!", rief Rainer in Richtung Maike. „Die führen eine Art Invasion durch." Als Maike sich aufrichtete und Richtung Meer sah, waren die drei Boote gerade am Aufstoppen. Die jungen Männer sprangen ins knietiefe Wasser und zogen die Boote die letzten paar Meter an den Strand.

Sofort entstand eine große Bewegung auf allen Schlauchbooten. Weitere junge Leute in weißen Uniformen standen auf und die ersten von ihnen sprangen auch bereits ins nur knöcheltiefe Wasser.

Von der auf den Booten verbliebenen Besatzung wurden Gerätschaften an die Außenstehenden gereicht und diese machten sich dann bestückt mit Harken, Besen, Netzen, Decken, Seilen, Zeltstangen und Zelttüchern in Richtung Strand auf.

Maike und Rainer verfolgten staunend die reibungslose Logistik. Die circa 18-köpfige Truppe war sichtlich aufeinander eingespielt. In nur wenigen Minuten waren am Strand fein aufgestapelte Materialberge entstanden.

Die drei Schlauchboote schienen nun entladen zu sein, denn die Frontmänner schoben sie zurück ins tiefere Wasser, die Skipper trimmten die Motoren nach unten, legten den Hebel zum Rückwärtsfahren um und entfernten sich vom Strand. Nach nur wenigen Metern auf dem Wasser drehten sich die Boote und fuhren mit hoher Geschwindigkeit auf zwei Superjachten zu, die in circa 150 Meter Entfernung vom Strand ankerten.

„Sieh mal!", entfuhr es Rainer. „Das sind ja richtige Megajachten. Die haben sicher mehr als 80 Meter Länge." Maike nickte nur. Selbst aus dieser Entfernung sahen sie mächtig und luxuriös aus. Auf einer von ihnen konnte sie sogar einen Helikopter entdecken.

Mal sehen, ob ich den Namen der Schiffe erkennen kann. Konzentriert richtete Rainer seinen Blick in Richtung der Jachten, aber die Entfernung war zu groß.

Er wurde auch bereits wieder abgelenkt, denn nun begann in der unmittelbaren Nachbarschaft eine große Hektik.

Ein Trupp von sechs jungen Leuten, Rainer sah nun, dass es sich dabei ungefähr hälftig um Frauen und Männer handelte, hatte begonnen, in einer Formation den benachbarten Strandabschnitt abzulaufen und Plastik, Strandgut, Kippen und sonstigen Unrat aufzulesen.

Ihnen folgte unmittelbar ein Trupp von weiteren sechs Uniformierten, die mit Rechen und Besen den vom Unrat befreiten Abschnitt nivellierten und in Form brachten. Die anderen Kollegen waren dabei, Zeltstangen zusammenzuschieben und die Zelttücher auszulegen.

„Sieht aus, als ob die hier ein Camp errichten wollen", kommentierte Maike. „Das machen die aber nicht zum ersten Mal", mutmaßte Rainer. „Da sitzt jeder Handgriff." Maike nickte. „Sieht auf jeden Fall sehr professionell aus."

Ungläubig verfolgten die beiden, wie innerhalb kürzester Zeit eine Strandfläche von etwa 100 mal 20 Metern abgelesen und in Form gebracht wurde.

„Hat richtig was Ästhetisches", fand Maike anerkennend. „Und was Surreales", ergänzte Rainer. „Der Strand sieht plötzlich aus, als wäre er Teil eines Luxusresorts."

Im hinteren Bereich der vorbereiteten Fläche begann ein guter Teil der Mannschaft damit, einen Pavillon aufzubauen. Schon nach wenigen Minuten war er vollständig errichtet.

„Lawrence von Arabien hätte sich über so einen mondänen Sonnenschutz sicher sehr gefreut", kommentierte Rainer trocken.

„Sieht aber klasse aus, da können unsere billigen Schirme nicht mithalten", erwiderte Maike.

Im Pavillon waren nun zwei Klappsessel und zwei kleine Tische aufgestellt worden. Direkt davor war eine Art Turnierplatz mit zwei Feldern entstanden, die von einem Netz geteilt wurden.

„Ist vielleicht eine Beachvolleyball-Mannschaft auf Trainingsreise", mutmaßte Maike. Ihr ironischer Unterton verhieß Rainer, dass sie das Spektakel sehr amüsierte.

„Die haben keine 15 Minuten gebraucht, um aus einem ranzigen Strandabschnitt eine exklusive Stätte zu machen. Die sollten wir für unseren nächsten Strandtag wieder buchen." „Haha, träum weiter", erwiderte Maike. „Das übersteigt unser gesamtes Urlaubsbudget. Ob die das nur für sich machen, um ihren freien Tag zu gestalten?" Fragend sah sie in Rainers Richtung.

„Ich glaube nicht. Sieh mal, zwei von den Schlauchbooten sind schon wieder in Richtung Strand unterwegs." Tatsächlich waren die Boote wieder von den Jachten abgefahren und näherten sich dem Ufer, diesmal aber in sehr viel moderaterer Geschwindigkeit.

Maike und Rainer verfolgten interessiert den Weg der beiden Boote, bis sie in gerader Linie vor dem Pavillon im seichten Wasser stoppten.

Jeweils drei Männer von der Mannschaft an Land begaben sich bereits ins Wasser und gingen den Ankommenden entgegen. Einer von ihnen hielt das Boot fest, die anderen beiden brachten sich in Stellung. An Bord war Bewegung entstanden. „Sieht so aus, als würden jetzt die VIPs kommen." Maike strengte sich an, um zu erkennen, was auf den Booten vor sich ging.

Zwei Besatzungsmitglieder halfen einer einzelnen Person, auf dem Rand des Schlauchbootes Platz zu nehmen. Soweit Maike erkennen konnte, war es eine ältere Dame. Von dort aus glitt sie nun, tatkräftig gestützt von den jungen Männern, in das seichte Wasser.

Die ältere Dame schien nicht sehr gut auf den Beinen zu sein, denn gerade war zu sehen, wie sie von zwei Männern an den Strand getragen wurde.

Ein ähnliches Schauspiel bot sich auch auf dem zweiten Boot, nur dass dort die Passagierin rüstiger zu sein schien.

Sie glitt aus eigener Kraft vom Boot ins Wasser und watete selbst, höflich gestützt von einem der jungen Männer, Richtung Ufer.

Die beiden älteren Damen nahmen auf den bereitgestellten Klappsesseln Platz und im Nu wurden Cocktails, edle Wasserflaschen und ein paar Snacks auf den Beistelltischchen abgestellt.

Maike und Rainer sahen sich ungläubig an. „Wo kam denn das Catering plötzlich her?", staunte Rainer. Erst jetzt fiel ihnen auf, dass hinter dem Pavillon ein weiteres Zelt entstanden war.

Darin standen zwei große blaue Kühlboxen unter einem Klapptisch, die ganz offensichtlich diese Köstlichkeiten enthalten hatten.

Die Mannschaft hatte sich, bis auf zwei Servicekräfte, hinter die beiden Zelte zurückgezogen und die neu gewonnene Nachbarschaft kam zur Ruhe.

„Das will ich beim nächsten Strandbesuch auch haben." Rainer sah sehnsuchtsvoll zu den beiden Damen und ihrem Gourmet-Schattenplatz. „Kannst du haben. Nur ohne Boot musst du das alles selbst vom Auto hierherschleppen. Da weiß ich jetzt schon, wie du dann fluchst", belustigte sich Maike. „Selbst schleppen? – Nie im Leben! Wenn, dann will ich auch so eine Mannschaft haben!"

„Alles eine Frage des Geldes", gab Maike schmunzelnd zurück und legte sich rücklings auf ihr Strandtuch. „Aber bis auf die Cocktails teilen wir mit unseren Nachbarn die gleiche Sonne, das gleiche Meer und den gleichen Strand. Nur dass wir dafür keine zwei Megajachten und keine Armee an Servicekräften brauchen."

„Da hast du Recht." Rainer fingerte eine weitere Dose Bier aus der Kühlbox und legte sich wieder längs auf sein Strandtuch. „Wir haben es auch gut." „Besser", kam es vom benachbarten Strandtuch zurück. „Wir haben uns und die beiden Ladys sind offensichtlich ohne Partner." „Timmt", bekräftigte Rainer und Maike lachte auf. Nun wusste sie, dass er sich besonders wohlfühlte, denn dann ließ er gerne das „s" weg, wenn er Zustimmung ausdrücken wollte.

Rainer musste sich ein wenig orientieren. Er war ganz schlaftrunken, aber irgendetwas hatte ihn gerade geweckt. Zwischen ihm und der Sonne befand sich ein Schatten, der augenscheinlich mit ihm sprach. „Sorry Sir", vernahm er.

Rainer setzte sich auf und zwinkerte. Vor seinem Strandtuch hatte sich einer der uniformierten jungen Männer vom Nachbarcamp eingefunden.
„Do you speak English?", hörte er ihn fragen. Er war immer noch nicht ganz wach.

„Äh, ja, ich meine, yes, I speak English." Rainer rieb sich die Augen, um klar sehen zu können. Der uniformierte junge Mann beugte sich gerade über ihn.

„Bitte entschuldigen Sie die Störung." Der Mann richtete sich auf und nahm Haltung an. „Ich bin untröstlich, Sie geweckt zu haben." Rainer fand es zwar überhaupt nicht witzig, aus dem Schlaf gerissen worden zu sein, aber immerhin hatte der Mann gute Manieren und drückte sich gepflegt aus.

„Ist schon okay. Um was geht es denn?" Er sah den Uniformierten fragend an.

„Unsere Chefin hat heute mit ihrer besten Freundin ein Mittagessen am Strand geplant und lädt Sie und Ihre Frau herzlich ein, herüberzukommen und das Essen gemeinsam einzunehmen."

Rainer musste das Ganze erst einmal sacken lassen. Hatte er das gerade richtig verstanden? Er sah zu Maike, die noch schlummerte und gar nicht mitbekommen hatte, dass jemand an ihre Strandtücher herangetreten war.

„Das ist sehr freundlich von Ihrer Chefin, aber ich glaube, wir haben dafür nicht die richtige Kleidung dabei." Rainer hatte überhaupt keine Lust, mit zwei alten Damen Konversation zu machen, nur fiel ihm so schnell kein besseres Argument ein, um die Einladung abzulehnen.

„Das Essen findet hier am Strand statt, ein T-Shirt als passende Bekleidung ist daher ausreichend." Der junge Mann klang so, als ob er keine weiteren Ausreden akzeptieren würde.

„Einen Moment." Rainer drehte sich zu Maike um und streichelte ihr über den Oberarm. Nach wenigen Augenblicken zeigte sie erste Anzeichen des Wachwerdens, als sie bemerkte, dass ein Fremder vor ihrem Strandtuch stand, setzte sie sich erschrocken auf.

„Musst dich nicht erschrecken. Es ist einer unserer Nachbarn. Er fragt, ob wir Lust haben mit seiner Chefin und deren Freundin zu Mittag zu essen?"
„Wir haben aber gar nichts Gescheites zum Anziehen dabei." „Das habe ich ihm auch schon gesagt. Er meint, ein T-Shirt sei ausreichend, wir würden uns ja am Strand befinden."

Maike sah den Bediensteten an. Er war zwei Schritte zurückgetreten, um eine höfliche Distanz zu wahren und obwohl er freundlich lächelte, machte er Miene, als würde er keine Absage akzeptieren.

„Was machen wir? Ist ein wenig peinlich, wie der da rumsteht." Maike sah Rainer an, der stand auf und reichte ihr die Hand. „Sehen wir es praktisch, Liebling. Hast du Hunger? Ich schon. Da könnte was Leckeres zum Essen nicht schaden."

Maike liebte es schon immer, dass Rainer die Dinge pragmatisch nahm. Sie nickte. „Wir haben Urlaub. Da kann man sich schon einmal vom Strandnachbarn einladen lassen."

Rainer drehte sich zu dem immer noch freundlich lächelnden Servicemitarbeiter um.

„Okay, teilen Sie Ihrer Chefin bitte mit, dass wir uns sehr geehrt fühlen und in fünf Minuten kommen werden."

Mit einer gekonnten Verbeugung bedankte sich der Uniformierte und verabschiedete sich.

Maike und Rainer sahen nun Richtung „Resort". Sie bemerkten, dass im vorderen Pavillon in der Zwischenzeit ein Tisch aufgebaut und auch bereits eingedeckt worden war. Um ihn herum standen genau vier Stühle. „Regisseurstühle – sehr bequem", bemerkte Maike. Die beiden Damen saßen aber noch vor dem Pavillon, hatten einen Cocktail in der Hand und unterhielten sich angeregt.

„Dann lass uns mal tischfertig machen, Sweetheart, Showtime." Rainer hatte sich sein T-Shirt übergezogen und den Sand von den Beinen geklopft. Er reichte Maike ihr Shirt und sie zog es über. Außerdem zog sie auch ihren kurzen weißen Rock an, so dass sie fast förmlich aussah. „Besser ich ziehe auch meine kurze Hose an. Mit der Badehose allein, das könnte ein wenig unpassend sein. Die passt farblich zwar nicht zu deiner Kleidung, aber du musst es halt für uns beide rausreißen." Rainer grinste breit und mit einem „Abmarsch" hakte er sich bei Maike unter und schritt mit ihr in Richtung des „Resorts".

Ihr Aufbruch hatte für Bewegung innerhalb der Mannschaft gesorgt. Zwei junge Frauen liefen ihnen entgegen und begrüßten sie herzlich. Aus dem Augenwinkel heraus sah Rainer, dass im hinteren Zelt, wo die Kühlboxen standen, Hektik ausgebrochen war. Seine Aufmerksamkeit wurde aber von den beiden Frauen in

Beschlag genommen, die sie nach ihren Namen fragten. Mit Maikes Namen hatten die beiden Schwierigkeiten bei der Aussprache, denn als sie nun zu den älteren Damen geführt wurden, hörten sie immer wieder, wie die Bediensteten hinter ihnen übten.

Rainer musste schmunzeln, hörte er doch immer wieder, wie eine der beiden versuchte, hinter das englische Mike noch ein „e" anzuhängen.

Als sie bei den Damen ankamen, zeigte es sich, warum die korrekte Aussprache so wichtig war. Die eine der Mitarbeiterinnen stellte sich sehr formell auf, zeigte auf Rainer und sagte etwas wie „Renner", dann deutete sie auf Maike und artikulierte „Mikee". Anschließend zeigte sie in Richtung der links sitzenden Dame und stellte diese als „Lady Eleonor" vor und schließlich wies sie auf die rechts sitzende Dame, die sie „Lady Marion" nannte.

Maike und Rainer nickten jeweils so hoheitsvoll wie möglich und drückten die entgegengestreckten Hände.

„Das ist entzückend, dass sie unserer Einladung gefolgt sind. Wir haben sehr gerne Gesellschaft beim Essen und freuen uns, sie als Gesprächspartner am Tisch zu haben." *Das kann ja heiter werden, auch noch Konversation machen beim Essen,* dachte Rainer, sagte aber: „Das Vergnügen ist ganz auf unserer Seite." Mit einladender Geste zeigte Lady Eleonor auf die freien Stühle, hinter denen bereits zwei Mädchen aus der Mannschaft mit einem Cocktailglas in der Hand warteten. Kaum hatten Maike und Rainer sich gesetzt, wurden ihnen auch schon die Gläser gereicht.

Lady Marion meldete sich zu Wort. „Wir haben aufgrund der Einschränkungen hier leider nur eine Cocktailvariante zur Auswahl, von der wir hoffen, dass sie Ihnen schmeckt. Wir dachten, „Sex on the Beach" wäre passend für diesen Ort." Maike bemerkte das breite Grinsen im Gesicht der alten Dame. „Humor hat sie schon einmal", gluckste sie in Richtung Rainer.

Lady Eleonor, die Dame, die vom Boot an den Strand getragen worden war, hob ihr Cocktailglas und prostete ihnen zu. „Cheers – was für ein Vergnügen Sie hier zu haben!"

Amerikanerinnen – der Akzent ist eindeutig, fand Rainer. Da er wusste, dass Amerikaner das sehr mögen, fragte er auch gleich: „Woher kommen Sie?" Lady Marion war es deutlich anzusehen, dass ihr die Frage angenehm war. Mit Stolz in der Stimme verkündete sie: „Houston, Texas! Und wo kommen Sie beide her?" „Aus Deutschland." Rainers Antwort versetzte beide Damen in Verzückung. „Unsere Vorfahren kamen ebenfalls aus Deutschland. Vom Kaiserstuhl, kennen Sie den Kaiserstuhl?" „Klar", gab Maike zurück. „Wir sind aus Freiburg, das sind nur ein paar Kilometer bis zum Kaiserstuhl. Da gibt es guten Wein und wir fahren oft zu Weinfesten dorthin."

Die beiden Ladys waren nun sehr aufgeregt. „Ihr müsst uns erzählen, wie es da nun ist. Wir waren das letzte Mal vor zwanzig

Jahren in der Heimat unserer Vorfahren und haben damals auch Freiburg besucht."

Während sie Konversation machten, wurden ihnen die Servietten vom Teller genommen und über den Schoss gelegt. Einer der Uniformierten stand mit einer Mineralwasserflasche da und fragte, ob er einschenken dürfe, während von der anderen Seite gefragt wurde, ob Rot-, Rosé- oder Weißwein gewünscht würde.

Gleichzeitig hatten die beiden Damen damit begonnen, Fragen zu stellen, so dass Maike und Rainer, um nicht unhöflich zu erscheinen, in Richtung Wasserflasche nickten und in die andere Richtung „Weiß, bitte." sagten. Unmittelbar darauf sahen sie ihre Gegenüber an, um deren Fragen auch mitzubekommen.

Hauptsächlich ging es den beiden Ladys darum, ob sie Orte wie Eichstetten und Oberbergen kannten, was natürlich der Fall war, und ob ihnen Familien mit Namen Vogt, Fischer oder Weber bekannt waren, was nicht der Fall war.

Begeistert berichteten die Damen, meist sogar gleichzeitig, von ihrem letzten Besuch am Kaiserstuhl, wie gut sie dort gegessen und getrunken hätten und wie schön die Landschaft gewesen wäre. Ihr Redeschwall wurde abrupt unterbrochen, weil vier Servicemitarbeiter sich mit jeweils einem Teller in der Hand neben je einen der Tischgäste gestellt hatten. „Die Vorspeise", kündigte ein junger Mann an.

In Richtung von Maike und Rainer schauend, fügte er hinzu:

„Halber Hummer, ausgelöst und auf einem Salatbett serviert mit New Orleans Sauce."

„Ich hoffe, Sie mögen Fisch." Unsicher musterte Eleonor Maike, die noch gezögert hatte. Eleonor konnte nicht ahnen, dass Maike aus Achtung vor der grandiosen Präsentation so zurückhaltend war und so beeilte sie sich, zu versichern, wie gerne sie Fisch und Meeresfrüchte aß.

Selten so guten Hummer gegessen, dachte Rainer. Laut hörbar ergänzte er: „Selten noch überhaupt Hummer gegessen, außer bei unserer einzigen Amerikareise." Verstohlen sah er zu Maike, auch sie genoss offensichtlich die Speise, überrascht war er aber, als er auf die Teller der Damen gegenüber sah. Diese waren bereits blankgeputzt und die letzten Saucenreste sogar mit einer Weißbrotscheibe aufgenommen und vertilgt worden. „Ich liebe diese New-Orleans-Hummer von Chefkoch Sogs", sagte Eleonor in Richtung Marion, wandte sich dann aber den Gästen zu, um zu verkünden, dass der Hummer aus dem Staat Maine käme, an der Ostküste Amerikas, direkt an der Grenze zu Kanada gelegen.

Maike hatte zwar gerade den Mund voll, beeilte sich aber beim Kauen und merkte an: „Mein Freund und ich, wir kennen Maine. Wir haben da schon Urlaub gemacht. Wir waren mal eine Woche in Bangor."

Nun kannte die Verzückung der Amerikanerinnen ein weiteres Mal keine Grenzen.

„Wir lieben Bangor, manchmal fliegen wir mit unserem Flugzeug dorthin, nur, um in den Hummer-Shaks dort Mittag zu essen." „Und natürlich, um Hummer mitzunehmen", ergänzte Marion.

Große Jachten, eigenes Flugzeug, achtzehn Servicekräfte, Hummer satt, aus den Staaten mit nach Europa gebracht. Passt alles zu Texas. Jedes Klischee aus der Serie Dallas ist hier zu finden, sinnierte Rainer. Es drängte ihn so sehr, wissen zu wollen, wie so etwas möglich war, dass er unvermittelt fragte: „Sie haben Ihren Wohlstand mit Öl verdient?"

Aus der Reaktion der beiden Damen war deutlich zu entnehmen, dass ihnen auch diese Frage gefiel.

Rainer erinnerte sich an ihren letzten USA-Aufenthalt und wusste, dass Amerikaner stolz auf ihren Reichtum sind.

„Öl, ja Öl", bekräftigte Eleonor. „Unsere Männer waren sehr erfolgreich beim Erschließen neuer Ölvorkommen. Als sie noch lebten, waren sie große Konkurrenten. Wir aber", Eleonor sah liebevoll in Richtung Marion, „wir wurden nach dem Tod unserer Männer beste Freundinnen und verbringen nun schon viele Urlaube zusammen."

Rainer schluckte. *Urlaub zusammen verbringen bedeutet, dass jede auf ihrer Megajacht mit ihren Bediensteten unterwegs ist und gelegentlich ein gemeinsamer Landgang ansteht. Schräg.*

„Wir sind heute das erste Mal auf Mallorca, es gefällt uns aber sehr gut. Gibt es noch mehr zu sehen oder ist dieser Strand schon das Beste, was die Insel zu bieten hat?" Maike gluckste und musste aufpassen, dass ihr der Löffel nicht aus der Hand fiel, aber Marion hatte die Frage in einem so ernsten Ton formuliert, dass Maike sich nun sicher war, dass sie diese auch ernst meinte.

Rainer hatte zwar ebenfalls schmunzeln müssen, die Contenance aber rasch wiedergefunden. Er erklärte: „Die Insel Mallorca ist vielleicht nur ein Drittel so groß wie Honolulu, aber sie hat eine enorm große Vielfalt zu bieten. Angefangen mit einem faszinierendem Gebirgszug namens Tramuntana, über malerische Orte, eine Hauptstadt mit einem historischen Stadtkern bis zu einer umfangreichen Geschichte. Sie müssen wissen, dass Mallorca schon vor über 6.500 Jahren besiedelt wurde. In der Vergangenheit wurde die Insel von den verschiedensten Truppen erobert, daher ist es von keltischer, phönizischer, römischer, byzantinischer und maurischer Kultur geprägt."

Maike musste in sich hineinlachen. Rainer tat so, als wäre er ein Experte, dabei hatte er all das erst gestern bei einer Führung durch die Altstadt von Palma erfahren. Dankbar dachte sie an den versierten und sympathischen Führer, der ihnen ein ganzes Universum an Eindrücken verschafft hatte.

„Wir waren schon mehr als zwanzigmal auf Mallorca", fuhr Rainer fort, „und noch immer entdecken wir unbekannte Ecken und werden von der Schönheit und der Magie dieser Insel beeindruckt."

Die beiden Damen hatten Rainer aufmerksam zugehört. Marion rief nun einen Namen, der sich wie „Vince" anhörte, in Richtung Servicepavillon. Unmittelbar darauf stand ein junger Mann neben dem Tisch, der sich darin von allen anderen Kollegen unterschied, dass er kein weißes, sondern ein blaues Shirt trug. „Wohin fahren wir heute Nacht?", wollte Marion wissen. „Nach Ibiza, einer weiteren Insel der Balearen." Marion drehte sich Rainer zu. „Lohnt sich das oder sollten wir besser hierbleiben und uns noch etwas von Mallorca ansehen?"

Rainer schmunzelte. „Ibiza ist auch wahnsinnig schön und Ihre Mannschaft hier wird dort viel Spaß haben, denn sie ist als Partyinsel bekannt. Falls Sie aber nur dorthin fahren, um einen weiteren Tag am Strand zu verbringen, würde ich Ihnen von ganzem Herzen empfehlen, hierzubleiben. Machen Sie morgen einen Ausflug in das Tramuntana-Gebirge. Besuchen Sie Orte wie Valdemossa, Deià und Sóller. Sie könnten mit ihren Jachten in den Hafen von Sóller fahren, dann haben Sie kurze Wege."

Die beiden Ladys hörten ihm interessiert zu und Rainer geriet langsam in sein Element. „Kehren Sie in das Restaurant Bens d'Avall ein", fuhr er fort. „Da speist auch Michelle Obama einmal im Jahr und genießt den herrlichen Ausblick von der Terrasse über die Steilküste und bis zum Horizont. Besuchen Sie einen Hersteller von Olivenöl und vielleicht auch ein Weingut. Dann haben Sie zwar noch immer nicht viel von Mallorca gesehen, aber sie können den Zauber ahnen, den diese Insel versprüht."

Rainer hatte so begeistert von den Vorzügen Mallorcas geschwärmt, dass die beiden Damen noch einen Moment ruhig dasaßen, bevor Marion sich in Richtung Vince wandte. „Streichen Sie Ibiza und besorgen Sie uns Liegeplätze im Hafen von Sóller. Organisieren Sie Limousinen, die uns vom Hafen abholen, reservieren Sie einen Tisch für vier Personen in diesem Davall-Restaurant und geben Sie mir einen Tipp, wie ich die beiden reizenden jungen Leute hier überreden kann, dass sie morgen mit uns diesen Ausflug machen und uns die wichtigen Orte auf dieser Insel zeigen."

Bei den letzten Worten hatten Maike und Rainer gleichzeitig höflich abgewunken, aber Vince schien ein Menschenkenner zu sein. „Ich könnte mir vorstellen, dass meine Kollegen heute Abend Ihre Sachen zu Ihrem Auto tragen und einer aus der Mannschaft das Auto zu Ihrer Unterkunft fährt. Sie kommen dann mit uns auf die Jacht und wir fahren Sie so nahe an Ihr Hotel, wie es die Meerestiefe zulässt. Wenn sich Ihre Unterkunft in Palma befindet, können wir Sie sogar vor der Kathedrale an Land bringen. Morgen früh kommt ein Fahrer, holt Sie ab und bringt Sie am Abend auch wieder zurück. Das könnte ein entspannter Urlaubstag für Sie werden."

Maike und Rainer bemühten sich krampfhaft, eine Ausrede zu finden. Sie hatten tatsächlich für sich selbst schon einen Ausflug in das Tramuntana-Gebirge geplant.

So eine Super-VIP-Behandlung hätte allerdings auch was für sich. Beide sahen sich an. Maikes schelmisches Grinsen gab den Ausschlag.

„Das ist ein Zuviel der Ehre, das können wir nicht annehmen", unternahm Rainer einen letzten hilflosen Versuch. Vince konterte mit den Worten: „Sie können nur eines nicht annehmen, nämlich dass dies schon alles ist. Unser Fahrer bringt Ihren Mietwagen nachher zurück zur Station, die erstatten Ihnen den Mietpreis und für den Rest des Urlaubs stellen wir Ihnen ein besseres Fahrzeug zur Verfügung."

„Oh, das geht leider gar nicht", bemerkte Rainer. „Es darf niemand außer Maike und mir den Mietwagen fahren, denn nur wir sind als Fahrer im Mietvertrag eingetragen."
Vince schmunzelte leicht arrogant. „Der Schlüsselanhänger, den Sie neben Ihr Mobiltelefon gelegt haben, trägt das Logo der Mietwagenfirma. Glauben Sie mir, das geht alles so in Ordnung."
Aufmunternd blickte Vince nun in Richtung von Lady Marion.

„Erst einmal Glückwunsch zur Wahl der Mietwagenfirma, das zeigt, dass Sie Stil und Anspruch haben. Ein guter Teil der Firma gehört unserer Familie und mein Sohn ist der Vorstandsvorsitzende. Noch bevor der nächste Gang serviert wird, ist der Vertrag um einen Fahrer erweitert. Ab heute Abend finden Sie das Upgrade vor Ihrer Unterkunft. Steht unsere Vereinbarung?"

Marion war es gewohnt, ihren Willen durchzusetzen, da bestand kein Zweifel. Maike und Rainer sahen sich ungläubig an, aber wer konnte zu so einem Angebot nein sagen? Einträchtig drehten sie sich ihren Gastgeberinnen zu und nickten. „Wir versichern Ihnen, dass wir unser Bestes geben werden, damit Sie voll und ganz von der Magie der Insel erfüllt werden."

Sinnliche Stunden in Palma

„In den vergangenen Jahren hätte ich mich wahrscheinlich besser um mich kümmern können." Schon witzig, dass das gerade aus dem Mund einer jungen Ärztin kommt. Aber es ist tatsächlich so: Die eigenen Ratschläge befolgt man häufig zuletzt.

Wie viele Patienten waren vor meinem Zusammenbruch mit Burnout zu mir gekommen ...? Unzählige! Die Signale waren immer ganz eindeutig gewesen. Die Patienten hatten stets gedacht, dass mit ihren Körpern etwas nicht stimmte, dabei waren es ihre Psychen gewesen, die nicht ganz rundliefen.

Nun gut, bei mir war es ähnlich verlaufen. Während der letzten Jahre hatte ich viel zu viel gearbeitet. Die Stelle im Klinikum stresste mich, weil wir zu wenige Ärzte für zu viele Patienten waren. Ich liebe meinen Job – damals wie heute. Vielleicht war das ja auch der Grund, weshalb ich mich komplett in ihm verloren hatte – und das war nicht unbedingt gut, weil ich sonst nichts in meinem Leben hatte.

Meine Familie und die paar Freunde, die ich von früher hatte, hatte ich während der vergangenen Jahre gänzlich vernachlässigt. Meinen Hobbys ging ich nicht mehr nach und von einer erfüllten Beziehung konnte schon gar nicht die Rede sein. Und dann geschah es: Ich bekam immer häufiger Panikattacken, weil ich vollkommen überarbeitet war.

Zum Glück begriff ich wenigstens zu diesem Zeitpunkt, dass ich die Reißleine ziehen musste. Also nahm ich eine Woche Urlaub, um herauszufinden, wo in meinem Leben ich falsch abgebogen war.

Ich beschloss, früh am Morgen zum Flughafen zu fahren und mal etwas derart Verrücktes zu tun, was ich mich unter normalen Umständen niemals getraut hätte: Ich wollte den ersten Flieger nehmen, für den es noch ein freies Ticket gab. Gesagt, getan – und es wurde: Mallorca.

Ich gebe zu, mein erster Gedanke war: *Oje!* Von Mallorca hatte ich bis zu diesem Zeitpunkt nur diejenigen Bilder im Kopf, die wir alle allzu gut kennen, nämlich die von betrunkenen und grölenden Touristen am Ballermann.

Aber ich hatte mir nun einmal geschworen, den ersten Flug zu nehmen, deshalb kaufte ich das Ticket, ohne weiter zu überlegen. Völlig unvorbereitet flog ich somit in die mallorquinische Hauptstadt.

Ob mir diese Aktion die gewünschte Klarheit bringen würde, wusste ich zu diesem Zeitpunkt noch nicht. Und als ich im Flieger saß und aus dem Fenster blickte, überkamen mich Zweifel. Ich fragte mich, ob ich eine Midlife-Crisis hätte. Diese Gedanken verdrängte ich aber so gut es ging und nahm mir vor, mir ein paar möglichst nette Tage auf der berüchtigten spanischen Insel zu machen.

Nach meiner Ankunft in Palma kam alles ein bisschen anders, als ich es mir vorgestellt hatte. Anstatt der lauten und überfüllten Hauptstadt einer Partyinsel fand ich eine wunderschöne mediterrane Stadt vor, die kulturell sehr viel zu bieten hatte. Ich weiß nicht, woran es lag, vielleicht daran, dass ich mich nicht in den Partygegenden aufhielt, vielleicht aber auch, weil ich im April und damit nicht zur Hauptsaison dort war, aber mir gefiel es vom ersten Augenblick an richtig gut in Palma.

Vielleicht hatte ich ja auch nur eine vorgefertigte und medial verfälschte Meinung in meinem Kopf gehabt. So war das womöglich in Bezug auf viele Dinge, für die das Leben mir keine Zeit ließ, um sie auf eigene Faust zu erkunden.

Ich stand also mit meinem Gepäck vor dem Flughafengebäude und beschloss, mich erst einmal nicht um ein Hotel zu kümmern. Es war Nebensaison und bei der Durchsicht der Portale im Internet sah ich, dass es ein ausreichendes Angebot in allen Preisklassen gab. Das konnte also warten.

Aus dem Internet hatte ich auch die Adresse für eine Gepäckaufbewahrung im Zentrum von Palma. Diese Adresse nannte ich dem Taxifahrer, der mir seine Dienste anbot, als Ziel. Nach nur zehn Minuten Fahrtzeit hielt der Wagen direkt vor dem Laden, der offensichtlich auch einen Fahrradverleih betrieb.

Ein Mitarbeiter war gerade dabei aufzuschließen, was mich veranlasste, auf die Uhr zu sehen. Es war noch nicht einmal neun

Uhr. Unglaublich, wie schnell man Mallorca von Deutschland aus erreicht.

Der freundliche Mitarbeiter nahm mir meine Taschen ab und drückte mir auch gleich einen Stadtplan in die Hand. So flanierte ich los und freute mich darauf, diese, für mich neue Stadt zu entdecken. Nachdem ich zuerst ein bisschen kopflos herumgelaufen war, fand ich mich schließlich vor einem hübschen und wahrscheinlich sehr, sehr alten Gebäude wieder. Die Tür war offen und da über ihr ein freundlicher Engel in Stein gemeißelt war, empfand ich dies als freundliche Aufforderung, um einzutreten.

Das Innere war leer. Bis auf ein paar schmale Pfeiler und ein wunderschönes Deckengewölbe gab es nichts zu sehen, aber das Gebäude hatte eine besondere Anmut und strahlte Reichtum und Stärke aus.

Auf einer Stellwand war vermerkt, dass das Gebäude früher unter anderem als Seehandelsbörse genutzt wurde, wo die Kaufleute sich trafen, um für Waren, die auf Schiffen im Hafen von Palma angekommen waren, zu bieten. Die spanische Bezeichnung für das Bauwerk, war wohl Lonja, dieser Begriff war mehrfach in der Beschreibung verwendet.

In diesem Moment begriff ich, dass ich auf einem historischen Schatz von einer Insel gelandet war. Begeistert lief ich weiter. Und nun reihte sich ein hübsches Gebäude an das nächste. In unmittelbarer Nachbarschaft zur Seehandelsbörse stand ein weiteres imposantes Gebäude, über dessen Eingangstür die

Bezeichnung „Consulado del Mar" stand. *Das Meereskonsulat?* Ich konnte mir nichts unter dieser Bezeichnung vorstellen, aber im Eingangsbereich des Gebäudes saßen Sicherheitsleute, so dass ich annahm, dass es sich um ein Gebäude der öffentlichen Verwaltung handelte.

In einem kleinen Lebensmittelgeschäft am Rande des hinter dem Gebäude liegenden Platzes holte ich mir eine Zeitschrift, einen Becher Kaffee und ein paar Gebäckstücke, die Ensaimadas genannt wurden. Sie waren so köstlich, dass ich beschloss, mir den Namen unbedingt zu merken. Derart ausgerüstet setzte ich mich in der Mitte des Platzes hinter dem Consulado del Mar auf eine Bank und ließ einfach mal die Seele baumeln.

Ich trank Kaffee, aß das köstliche mallorquinische Gebäck und sinnierte vor mich hin. Meine Gedanken wanderten zu meiner Arbeit, zu meinen Eltern und Freunden, aber vor allem anderen dachte ich über mich nach und darüber, was aus mir geworden war: diese gestresste Person, die ich nicht sein wollte.

Früher war ich so viel entspannter, spontaner und lustiger gewesen. Irgendwann hatte ich jedoch begonnen, meine Arbeit viel zu ernst zu nehmen beziehungsweise mich mir selbst gegenüber ungesund zu verhalten, weil ich mir keine Pausen mehr gönnte.

Einfach dazusitzen, die Gedanken kommen und gehen zu lassen und auch okay damit zu sein, dass manchmal gar keine Gedanken da waren.

So etwas Entspannendes hatte ich mir schon seit einer gefühlten Ewigkeit nicht mehr zugestanden. Das letzte Mal war vermutlich während meiner Studienzeit gewesen.

Es war ein herrlicher und ruhiger Platz, den ich mir da gesucht hatte. Auf ihm befanden sich auch eine Statue und ein paar wirklich hübsche Bäume, die ich noch nie zuvor gesehen hatte. Nach einer Weile völliger Ruhe gesellte sich eine Touristengruppe zu mir auf den Platz. Da sie deutschsprachig war, lauschte ich ein bisschen.

Die spanische Touristenführerin erzählte mit einem süßen Akzent, dass auf diesem Platz bis zum Jahr 1870 kleine Fischerboote gebaut worden waren. „Daher heißt der Platz noch heute Werftenplatz, auf Katalan ‚La Drassana‘.‟ Sie zeigte auf eines der umliegenden Häuser und wies darauf hin, dass auf dem Haus mit der Nr. 15 nach wie vor ein kleines Fischerboot über dem Eingang eingemeißelt sei.

„Um 1870 wurde den Fischern ihr Viertel zu klein‟, berichtete die junge Frau weiter. „Damals befanden sie sich ja immer noch innerhalb der historischen Stadtmauern. Die Fischer gründeten also ein neues Viertel, das nunmehr außerhalb der Stadtmauern lag, und sie benannten ihr neues Viertel nach der einzigen Heiligen, die je auf der Insel Mallorca gelebt und gewirkt hat, der Heiligen Catalina.

Und das Santa-Catalina-Viertel‟, ergänzte die Stadtführerin, „ist heutzutage ein quirliges Ausgehviertel mit tollen Bars,

Restaurants mit leckeren Gerichten, angesagten Clubs und tagsüber auch mit einer noblen Markthalle."

Sie empfahl ihren Zuhörern, dieses Viertel unbedingt einmal zu besuchen und auch ich nahm mir daraufhin vor, diese besondere Ecke von Palma möglichst bald aufzusuchen.

„Heutzutage dient der Werftenplatz als öffentlicher Versammlungsplatz, den die Einheimischen sehr gerne nutzen, um sich draußen zu treffen", berichtete sie weiter. *Zu Recht* fand ich, denn ich saß ja auch schon eine Weile auf diesem schönen Platz. Und die Bäume, die die Touristenführerin als Platanen bezeichnete, waren eigens gepflanzt worden, damit es auf diesem Platz schön schattig war. „Das Wichtigste, was man braucht, wenn man sich auf Mallorca öffentlich treffen will, ist jede Menge Schatten und den findet man hier", sagte sie.

Die Stadtführerin hatte sich umgedreht und sah nun in meine Richtung. *Mein Gott, wie schön sie ist*, dachte ich. Gleichzeitig fühlte ich mich ein wenig verlegen, wirkte es doch so, als würde sie mich direkt ansehen. Stattdessen zeigte sie auf eine Statue, die mit dem Rücken zu mir auf dem Platz stand und führte aus: „Mit diesem Denkmal werden die Seefahrer des 14. Jahrhunderts geehrt. Das waren jene Schiffsmänner, die nach der christlichen Rückeroberung loszogen, um für Mallorca neue Handelsstationen im Mittelmeer zu gründen. Das war nötig, denn die Handelsbeziehungen mit den muslimischen Ländern des Mittelmeeres waren zu dieser Zeit weggefallen.

Diesen Seefahrern verdankt Palma den späteren Reichtum. Und wenn wir uns den Seemann hier auf dem Sockel etwas näher ansehen, dann stellen wir fest, Palma muss im 14. Jahrhundert schon ein Vorreiter in Sachen Mode gewesen sein. Dieser Schiffer kannte nämlich schon Leggins." Sie deutete an eine bestimmte Stelle an der Statue und die Zuhörer lachten auf und nickten zustimmend. *Wie herzerfrischend diese junge Frau spricht,* dachte ich bei mir und war sehr gespannt auf die erwähnten Leggins.

Nachdem die Gruppe weitergegangen war, stand ich auf und schaute mir die Statue von vorne an. Tatsächlich, das angedeutete Beinkleid hatte Ähnlichkeit mit einer Leggins. *Wie witzig!* Erheitert ging ich an meinen Platz zurück und blieb noch eine Weile sitzen.

Ich grübelte und grübelte und kam zu dem Schluss, dass ich Auszeiten wie diese häufiger benötigte. Palma hatte mich schon jetzt in den Bann gezogen. Von meiner Haustür in Deutschland bis zur Ankunftshalle im Flughafen von Palma hatte ich genau drei Stunden gebraucht, der Flug war günstig gewesen und das Wetter hier ein absoluter Traum.

Hierher konnte ich also schnell gelangen, wenn ich gedachte, mir eine weitere Auszeit zu nehmen. *Es ist ganz einfach,* dachte ich mir. *Um gesund zu bleiben, muss ich nur darauf achten, dass ich mir mehr Zeit fürs Nichtstun nehme.*

Unweigerlich fing ich an zu lachen. Genau diesen Rat gab ich ansonsten meinen Patienten mit – und nun war es an der Zeit, dass auch ich ihn befolgte. Während ich weiter durch die Stadt flanierte, sah ich skurrile Kunstwerke wie ein riesenhaftes steinernes Ei und ein Gebäude, welches wie eine Kirche aussah, die auf dem Kopf stand. Ich war schwer beeindruckt von der Besonderheit und Schönheit der vielen Kunstwerke, die sich in den Straßen und auf den Plätzen der historischen Altstadt von Palma fanden. *Sobald ich an einer Buchhandlung vorbeikomme, werde ich mir einen Reiseführer kaufen,* beschloss ich. Jetzt wollte ich nämlich wissen, was die Kunstwerke und Sehenswürdigkeiten bedeuteten.

Ich ließ mich weiter durch die malerischen Gassen von Palma treiben und landete schließlich im Künstlerviertel. In einer Straße mit wunderschönen alten Adelspalästen wechselten sich Galerien, Geschäfte mit Kunsthandwerk und stylische Modeläden ab. Ich musste unbedingt herausbekommen, wie die Straße hieß, denn hierher würde ich sicher wieder zurückkommen. Während ich noch auf dem Stadtplan suchte, wo ich mich gerade befand, endete die Straße plötzlich an einer stark befahrenen Straße. Über einen Zebrastreifen gelangte man zu einer Allee, die wiederum von den herrlichen Bäumen gesäumt wurde, die – wie ich nun ja schon wusste – Platanen hießen.

Der Name dieser Straße war einfach zu entdecken. An beiden Seiten waren an den Häusern Schilder angebracht, auf denen jeweils Passeig des BORN stand. Was immer das heißen mochte, die Straße und der Name gefielen mir schon einmal sehr.

Nun musste ich mich entscheiden, ob ich nach rechts oder links gehe und da es mir schien, dass das Meer rechter Hand lag, wählte ich diese Richtung.

Nach nur wenigen Metern endete die Prachtstraße an einem Platz mit einem schönen Springbrunnen und bunten Häusern, doch bevor ich mir die Ästhetik des Platzes richtig bewusst machen konnte, wurde ich von einem anderen Anblick förmlich erschlagen. Linker Hand war die Kathedrale Palmas aufgetaucht, zwar oben auf einem Hügel gelegen, aber dennoch mächtig und wunderschön. *Atemberaubend*, so empfand ich den Anblick in diesem Moment.

Wie von unsichtbarer Hand gezogen eilte ich die Stufen hinauf, die zwischen zwei Palästen auf den Hügel führten, auf dem ich die Kathedrale entdeckt hatte.

Atemlos, aber vor allem sprachlos, stand ich nun direkt vor der imposanten Fassade und bewunderte das mächtige Bauwerk. *Gotik*, vermutete ich. Allerdings kenne ich mich damit nicht so gut aus. Das Portal kam mir für Gotik zu verspielt vor. *Vielleicht ist es eine Spätform dieses Baustils*, mutmaßte ich, wurde aber gleich eines Besseren belehrt. Neben mir hatte sich ein Guide aufgestellt, hinter den sich eine Gruppe Touristen scharte. Den Aufklebern auf ihrer Bekleidung nach kamen sie wohl von einem Kreuzfahrtschiff. Der Guide deutete auf das Portal. Obwohl er Spanisch sprach, konnte ich doch zweimal das Wort *Renaissance* heraushören. Daher kamen also die Rundungen und die verspielte Ornamentik in dem Portal.

Der Trubel auf dem Platz wurde mir ein wenig zu viel, denn nun kamen weitere Reisleiter mit ihren Gruppen an und bevölkerten den Platz zwischen der Kathedrale und dem Palast, den ich schon von unten gesehen hatte.

Während ich weiterlief, hörte ich, wie ein Tourist den Guide fragte, wo sich der Eingang zur Kathedrale befände. Da wollte ich ebenfalls hin, also beeilte ich mich, um vor der Gruppe dort zu sein. Trotz meiner Eile war vor mir eine circa 100 Meter lange Schlange, aber ich merkte, dass die Abfertigung sehr rasch vonstatten ging. Nach nur sieben Minuten des Wartens war ich am Kassenhäuschen angelangt und hatte im Nu die acht Euro Eintritt bezahlt.

Direkt hinter der Ticketkontrolle wurde ich angesprochen, ob ich einen Audioguide haben wollte, aber ich lehnte dankend ab. Zu viel Information am ersten Tag, das kann doch erschlagen. Und ich war eher in der Laune, mich auf eine Bank zu setzen und die Aura eines solch imposanten Bauwerks auf mich wirken zu lassen.

Zunächst einmal stieg ich jedoch ein paar Stufen abwärts. Ein vergoldeter Altar in einer Vitrine erregte kurz meine Aufmerksamkeit, dann war ich plötzlich erleuchtet und das im wahrsten Sinne des Wortes. Ich war im Kirchenschiff angekommen und stand dort in einem in verschiedenen Pastellfarben schillernden Lichtstrahl. *Eher eine Lichtdusche,* dachte ich, ein Meer aus Farben, deren weiches Pastell mild und beruhigend wirkte.

Um mich herum standen viele Besucher und ließen sich von der Lichtprojektion erfüllen. Nach kurzer Orientierung fand ich heraus, dass die Sonne dieses Lichtspiel erzeugt, indem sie ihre Strahlen durch eine große Fensterrosette schickt, die ich nun, nachdem ich ein paar Schritte weiter in das Kirchenschiff eingetreten war, hinter dem Altar erkennen konnte.

Welch eine Dimension, was für Farben, welche Ausdruckskraft! Ich war geplättet.

Dieser erhebende Anblick stimmte mich derart ruhig und nachdenklich, dass ich mich auf eine Bank vor den Altar setzte und mich noch eine Weile davon berieseln ließ.

Und da wurde ich ein bisschen wehmütig. Ich dachte daran, wie gern ich wieder mehr Zeit mit meiner Familie und meinen Freunden verbringen wollte. *Auch eine Partnerschaft wäre sicher etwas, das mir guttun würde*, dachte ich weiter. *Wer war schon gern allein und nur mit seiner Arbeit verheiratet?*

Mehr aus Jux, denn aus dem Glauben heraus, betete ich vor dem Altar zu einem Gott, von dem ich bezweifelte, dass er mich erhören würde, falls es ihn überhaupt geben sollte. Ich bat ihn, mir möglichst bald eine passende Partnerin zu schicken. Erst an diesem Ort war mir aufgegangen, wie einsam ich mich tatsächlich fühlte. Ich lachte über mich selbst, schüttelte den Kopf und tippte mir mit dem Zeigefinger an die Stirn.

Was hast du denn heute für komische Ideen? Also wirklich, sagte ich zu mir selbst. Blindlings trat ich aus der Bankreihe und lief geradewegs in die freundliche und gutaussende junge Dame hinein, die ich zuvor als Touristenführerin gesehen hatte. Ihr fielen die beiden Skizzenbücher, die sie dabeihatte, zu Boden. Ich hob sie auf und reichte sie ihr.

Als ich ihr in die Augen sah, bemerkte ich ein weiteres Mal, wie hübsch sie wirklich war – sie sah aus wie ein Engel. Wir begannen eine Unterhaltung und waren uns sofort sympathisch. Auch ihr wundervoller spanischer Akzent verzauberte mich aufs Neue. Sie erzählte mir, wie gerne sie in diese Kirche kam, weil sie mit derart vielen künstlerisch wertvollen Elementen verziert war.

Des Weiteren berichtete sie, dass sie Malerin und Zeichnerin sei und deshalb gerne Skizzen von den Kunstwerken oder von den Menschen in der Stadt anfertigte.

„Dann kennen Sie sich hier in der Kathedrale sicher bestens aus", stellte ich fest. Sie lächelte mich mit einem bezaubernden Lächeln an, nein, mit dem bezauberndsten Lächeln, das ich je gesehen hatte, und erwiderte: „Auf der Insel duzen wir uns eigentlich. Ich heiße Cristina und tatsächlich mache ich auch Führungen durch die Kathedrale. Hier drinnen kenne ich mich also überaus gut aus. Dazu ist der Altar einer meiner Lieblingswerke des Herrn Gaudí. Ich sitze manchmal Stunden hier. Das mache ich schon viele Jahre und trotzdem entdecke ich immer wieder ein neues Detail. Gaudí war wirklich ein Genie."

Ich muss zugeben, dass es ein wenig dauerte, bis ihre Worte durch die Windungen des Gehörganges in meinem Gehirn angelangt waren, denn Cristinas Anmut und Ausstrahlung nahmen meine ganze Aufmerksamkeit in Anspruch. *Gaudí, wow, den hatte ich hier nicht vermutet!*

„Ich heiße übrigens Lena", holte ich die Vorstellung nach. Von Neugier getrieben fragte ich ein wenig hastig: „Was sehen wir denn da vor uns?" Ich deutete auf ein Gehänge über den Altar. „Lass uns weiter nach vorn gehen." Cristina hakte sich bei mir ein und zog mich Richtung Altar. In dem Moment ging eine große Anzahl von Lichtern über und um den Altar herum an, die die ganze Installation in ein mystisches Licht tauchten.

„Das passt ganz hervorragend", freute sich Cristina. „Nun kannst du das Werk von Gaudí in seiner ganzen Pracht bewundern." Mit leiser Stimme erklärte sie mir, dass Gaudí im Jahr 1904 vom damaligen Bischof Campins nach Palma gerufen worden war.

Er sollte den Altarraum neu gestalten und die Dreifaltigkeitskapelle renovieren.

„Was wir vor uns sehen, ist in der Zeit von 1904 bis 1914 ent-standen. Gaudí hat in dieser Zeit das Chorgestühl erneuert, die juwelenartigen Mosaiken eingebracht und vor allem, den Baldachin mit den sieben Schwingen über dem Altar aufgehängt. Wusstest du, dass Gaudí Ecken hasste? Bei ihm musste alles rund sein." Ich schüttelte den Kopf. Erst durch die Beschreibung von Cristina fiel mir das alles auf. Als ich vorhin dagesessen hatte, hatte ich nur einen Altarraum gesehen, wie ihn alle Kirchen haben.

Nun sah ich eine Ornamentik, die bis ins kleinste Detail ausgefeilt war, Farben, die ein besonderes Wohlgefühl erzeugten und Installationen voller Mystik, die mich in besonderer Weise berührten. Das mochte aber auch daran liegen, dass Cristinas Wesen mich berührte, und zwar in einer Art und Weise, die ich gerade selbst nicht einordnen konnte.

Ich hörte ihr zu und sah sie an, war dabei aber irgendwie ganz weit weg, als flöge ich über mir selbst und gleichzeitig fühlte ich mich eins mit der Person, die mir gerade so leidenschaftlich das Werk des Herrn Gaudí näherbrachte.

Die Biochemie in meinem Körper fuhr Achterbahn. Schon lange hatte mich niemand mehr so berührt, wie Cristina es gerade tat und dabei standen unsere Körper mindestens zehn oder zwanzig Zentimeter voneinander entfernt. Außer einem gelegentlichen ehrfürchtigen Nicken war ich nicht in der Lage, zu kommunizieren. Ich war total paralysiert. Obwohl ich mir dessen bewusst war, konnte ich überhaupt nichts dagegen tun. Stattdessen war ich froh, dass Cristina es scheinbar nicht bemerkte. Sie erzählte so begeistert von der Ausgestaltung des Altarraums, dass sie völlig im Flow war und dabei alles um sich herum vergaß.

Und mir wurde bewusst, wie sehr sie strahlte. Ihre Schönheit, ihre vollkommene Einheit mit dem Moment, ihre Leidenschaft für das Kunstwerk und den Künstler und noch etwas, was ich gerade nicht spezifizieren konnte, erzeugten eine einzigartige Aura.

„Bei den sieben Schwingungen des Baldachins handelt es sich um die sieben Gaben des Heiligen Geistes, man nennt sie auch Charisma, von dem griechischen Wort für Gnadengeschenk", vernahm ich gerade noch und folgte mit den Augen Cristinas Arm, der auf das Gehänge über dem Altar zeigte.

Und jetzt wusste ich, was Cristina noch hatte: Charisma, eine Ausstrahlung, die direkt aus der Seele kommen musste.

Mir kam eine Idee. „Hast du Lust, mir bei einem Kaffee mehr darüber zu erzählen?" Cristina zögerte einen kleinen Moment, lachte dann aber zustimmend und zeigte nach links. „Sehr gerne, zum Ausgang geht es hier entlang."

Wir durchquerten eine unscheinbare Pforte, die zunächst zum Kreuzgang der Kathedrale führte, aber nach dem Passieren des Souvenirladens standen wir tatsächlich draußen in einer engen Gasse.

Cristina erklärte mir, dass wir uns im historischen jüdischen Viertel befänden und zeigte nach vorne. „Lass uns in Richtung Eulalia-Platz gehen, da gibt es schöne Cafés, wo wir gut im Freien sitzen können."

Ohne Cristina wäre ich verloren gewesen. Sie bewegte sich jedoch wie ein Fisch im Wasser durch die verwinkelten Gassen des Viertels. Prunkvolle Paläste wechselten sich mit noblen

Bürgerhäusern ab. Bei einigen stand das Portal offen, so dass sich malerische Innenhöfe zeigten. Ich war erst vier Stunden in dieser Stadt und hatte bereits so viel Schönheit gesehen und so viele wunderbare Eindrücke erhalten, da war die Aussicht auf eine Pause bei einer gute Tasse Kaffee in netter Begleitung sehr verführerisch.

Aber wir mussten im Kreis gelaufen sein, denn am Ende der Gasse bogen wir auf einen hellen Platz ein und da stand schon wieder die Kathedrale.

Unsicher deutete ich nach vorn. „Sind wir schon wieder an der Kathedrale?" Cristina lachte auf. „Du bist nicht die Erste, die das vermutet. Tatsächlich stehen wir aber vor der Eulalia-Kirche. Sie ist die einzige Kirche in Palma, die ebenfalls drei Schiffe hat, daher wird sie leicht mit der Kathedrale verwechselt.

Dabei ist sie viel älter und hat in der Katholischen Kirche natürlich einen anderen Rang als die Kathedrale, die ja eine Bischofskirche ist."

Cristina war an einem Café mit Außenbestuhlung stehen geblieben und sah mich fragend an. „Hast du auch Hunger?"

Da mein Magen bereits knurrte, bejahte ich. „Dann lass uns dieses Café nehmen, hier gibt es wirklich feine Speisen." Mir gefiel der Ort mit dem direkten Blick auf die Eulalia-Kirche sehr gut, freudig stimmte ich daher zu.

„Wähle du bitte aus", bat ich Cristina, auch deshalb, um sie weiter ungeniert betrachten und mich an ihrer Schönheit erfreuen zu können.

„Ich bestelle ein paar Tapas, damit du die Vielfalt unserer Küche kennenlernst." Cristina nannte dem Ober ein paar Namen, die ich noch nie gehört hatte.

Nachdem sie die Bestellung aufgegeben hatte, fragte sie mich ganz schüchtern und mit geröteten Wangen, ob sie mich zeichnen dürfe. Ich war derart überrumpelt, dass ich gar nicht wusste, was ich dazu sagen sollte. Da ich mir jedoch vorgenommen hatte, mich der Welt neben der Arbeit in Zukunft mehr zu öffnen, willigte ich ein.

Während Cristina mich zeichnete, schlugen meine Gedanken Purzelbäume. Ein warmes und wohliges Gefühl breitete sich in mir aus, das ich so noch nie empfunden hatte.

Ich war froh, nichts sagen zu müssen, denn ich war mir nicht sicher, ob ich meine Stimme im Griff haben würde.

Als die Tapas serviert wurden, legte Cristina ihren Block nieder und ich konnte sehen, was sie bislang skizziert hatte.

Erstaunt und tief berührt sah ich erst auf den Block und unmittelbar danach in ihre Augen. Sie hatte mich so gemalt, wie ich gerne wäre: heiter, strahlend, glücklich, zufrieden und eins mit dem Moment.

Ich stotterte: „Das bin ich" und nach einer kurzen Pause „nicht".

Cristinas Augen leuchteten. „So sehe ich dich aber. Du bist einzigartig und wunderschön." Als sie mir dabei zur Bestätigung die Hand auf den Arm legte, war es um mich geschehen. Ich beugte mich vor und drückte ihr einen zärtlichen Kuss auf die Wange.

Erschrocken vor mir selbst, zuckte ich umgehend zurück. Cristinas Hand, die noch immer auf meinem Arm lag, zog mich jedoch zurück und auch ich erhielt einen sanften Kuss auf meine Wange.

In mir brannte gerade ein gigantisches Feuerwerk ab. Mein Herz war übervoll und meine Gedanken schlugen Purzelbäume – ich war bis über beide Ohren verliebt.

Und wie es aussah, war ich nicht die Einzige, der es so ging. Ob es doch einen Gott oder eine höhere Macht gab, die uns beide zusammengeführt hatte?

Mallorca und die neue Welt

Florian musste wieder einmal in sich hineinschmunzeln. Er saß in seinem Lieblingscafé am Platz der Heiligen Eulalia mitten im historischen Zentrum von Palma und genoss seinen *Cortado*, den Espresso mit einem Schuss Milch. Er beendete seine morgendliche Führung stets an der nahe gelegenen Kathedrale. Auf dem Rückweg zu seiner Wohnung, die im Sa-Gerreria-Viertel lag, hatte er es sich angewöhnt, an einem der Tische des Cafés seine WhatsApp-Nachrichten durchzugehen, Leute zu beobachten und sich an dem quirligen Treiben auf dem Platz zu erfreuen.

Wie so oft saßen an den umliegenden Tischen viele Touristen und unterhielten sich, entweder angeregt über ihre Erlebnisse in der Stadt Palma, über die faszinierenden Sehenswürdigkeiten oder das tolle Wetter. Gelegentlich stritten sich Paare auch. Sicherlich taten sie das in der Annahme, um sie herum säßen nur fremdsprachige Menschen. Dabei dämpften sie die Lautstärke ihrer Äußerungen nicht, wie sie es in ihrem Heimatland sehr wohl gemacht hätten. Auch heute wurde Florian wieder einmal Zeuge einer heftigen Auseinandersetzung.

Das ältere Ehepaar am Nachbartisch stritt sich nun schon eine Weile darüber, wo genau sie sich im Moment befanden. Der Mann zeigte immer wieder auf die Karte, die er vor sich ausgebreitet hatte, dann auf die Eulalia-Kirche, die er hartnäckig als „Kathedrale" titulierte, und wies anschließend mit ausgestrecktem Arm nach links, wo sich ein mächtiges Gebäude befand, welches Teil der Stadtverwaltung ist, von ihm jedoch als „Palast" bezeichnet wurde. Als nächstes deutete er auf die Straße daneben und wiederholte bereits zum dritten Mal: „Und dort geht es dann zu dem alten Olivenbaum." Seine Frau war anderer Meinung. Sie zeigte auf der Karte weiter nach unten und wiederholte nun ebenfalls schon zum dritten Mal, dass die Kathedrale sich am Meer befinden müsste. Das wäre auf der Karte eindeutig zu sehen.

Die Logik schien jedoch auf der Seite des Mannes zu sein, denn er wies wieder auf die Kirche der Heiligen Eulalia. „Aber du siehst doch, die Kathedrale steht hier genau vor uns", trumpfte er auf. „Und da ist weit und breit kein Meer."

Florian hatte das schon oft erlebt. Wegen ihrer drei Kirchenschiffe verwechselten viele Touristen die Eulalia-Kirche mit der Kathedrale. Er überlegte sich kurz, ob er eingreifen sollte, denn auch wenn der Mann Unrecht hatte mit der Bestimmung der aktuellen Position, Recht hatte er, was das Ziel anbelangte. Tatsächlich befindet sich der Platz mit dem alten Olivenbaum genau hinter dem Gebäude der Stadtverwaltung. Wenn die Herrschaften also der Vorgabe des Mannes folgen würden, kämen sie in jedem Fall an ihr Ziel.

Florian wollte auch deshalb nicht einschreiten, weil seine Aufmerksamkeit von zwei jungen Frauen in Beschlag genommen wurde. Sie sprachen Englisch, es war aber deutlich herauszuhören, dass es sich um Amerikanerinnen handelte. Florian spürte, dass die beiden seine Hilfe dringender benötigten, denn er hatte schon mehrfach gehört, dass sie den Platz des

Heiligen Franziskus suchten, auf der Karte allerdings immer auf eine Stelle deuteten, die dicht am Meer lag.

Als Stadtführer war es Florian völlig klar, dass der Platz des Heiligen Franziskus sich nie und nimmer an dieser Stelle befinden konnte. Aufgrund der Distanz zum Nachbartisch ließ sich nicht genau erkennen, worauf die beiden Frauen immerzu deuteten. Er vermutete aber, dass es die Kirche der Heiligen Magi war, ein imposanter Bau, der sich im Santa-Catalina-Viertel befindet und damit weit entfernt vom Platz des Heiligen Franziskus ist.

Florian überlegte noch, ob er sich mit seinem Wissen den Frauen aufdrängen sollte, als eine seiner Sitznachbarinnen sich ihm zuwandte und ihn bittend ansah. „Hey Mister, would you please help us?"

Nun fühlte sich Florian natürlich bei seiner Ehre als lokaler Experte gepackt. „Sehr gerne", erwiderte er auf Englisch. Er drehte sich seiner Nachbarin zu und zog die Karte an sich. „Im Moment sind Sie genau hier." Auf der Karte zeigte sein Daumen auf die Stelle, an der Santa Eulalia geschrieben stand. Dann fuhr er ein paar Millimeter nach rechts und zeigte auf eine Stelle, wo Sant Francesc geschrieben stand.

„Der Platz des Heiligen Franziskus befindet sich genau hier, direkt vor der Kirche des Heiligen. Wenn Sie die Straße nach rechts gehen, sie ist ebenfalls nach dem Heiligen Franziskus benannt, kommen Sie direkt auf den Platz."

Die beiden Frauen lächelten ihn an und bedankten sich überschwänglich. „Steht dort auch die Statue des Junípero Serra?", wollte eine der beiden Amerikanerinnen noch wissen.

Florian nickte. „In der Tat, sie steht direkt vor der Kirche auf dem Platz und ist nicht zu übersehen. Sie kennen Junípero Serra?"

Nun strahlten beide Frauen ihn an. „Aber ja, die Highschool, die wir beide in Kalifornien besucht haben, trug seinen Namen. Nun wollen wir uns vor der Statue fotografieren lassen und das Bild bei Insta posten, damit alle unsere Mitschüler sehen, wo wir gerade sind!"

„Instagram, typisch." Florian musste lachen, „Kennt Ihr denn überhaupt seine Geschichte?"

„Na klar", kam es mit leichter Entrüstung zurück. „Junípero Serra reiste extra von Mallorca nach Kalifornien, um dort viele Missionsstationen zu errichten. Aus diesen Missionsstationen sind die wichtigsten und größten Städte Kaliforniens entstanden."

„Respekt", kommentierte Florian, „da wisst Ihr mehr als viele andere Menschen, die noch nie von ihm gehört haben. Das ist natürlich kein Wunder, wenn Ihr auf einer Schule wart, die seinen Namen trägt." Florian fühlte sich daran erinnert, dass er selbst auf dem Matthias-Grünewald-Gymnasium gewesen war und sich im Moment so gar nicht an die Geschichte dieses Künstlers erinnern konnte.

Die Amerikanerinnen strahlten ihn in bester Blendax-Werbungs-Qualität an. „Wissen Sie noch mehr von ihm?"

Florian war ein weiteres Mal bei seiner Ehre gepackt. Aus einer Laune heraus schlug er vor: „Gehen wir zusammen zum Platz des Heiligen Franziskus, das liegt auf meinem Heimweg. Dann erzähle ich euch gern ein wenig mehr von diesem Junípero Serra und mache das Bild mit euch beiden vor der Statue." Innerlich war er zum Du übergegangen, obwohl das, wenn er Englisch sprach, keine Rolle spielte.

„Great!", schallte es ihm zweistimmig entgegen. Florian hatte dem Ober zuvor ein Zeichen gegeben, dass er zahlen wollte. Als dieser nun am Tisch stand, überboten sich die jungen Frauen darin, seinen Kaffee mitbezahlen zu dürfen. Dankbar willigte Florian ein und zeigte in Richtung Eulalia-Kirche. „Dann hier entlang." Wie gewohnt von seiner Tätigkeit, übernahm er die Führung.

Die beiden jungen Frauen stellten sich als Jenny und Celine vor. Sie nahmen ihn in die Mitte und begannen nun abwechselnd viele Fragen zu stellen. Für Amerikaner ist es natürlich immer ganz wichtig, ihre Fragen an den Mann zu bringen: woher man kommt, wie das Leben auf Mallorca ist, wie kalt es im Winter wird … Florian beeilte sich, auf alles zu antworten. Er hielt es für seine berufsbedingte Pflicht, die beiden auf die interessanten Orte hinzuweisen, an denen sie vorbeikamen, wie den Innenhof des Can-Cera-Hotels. Florian stoppte und zeigte in das offene Portal.

„Wow!", kam es ihm abermals zweistimmig entgegen. Florian war diese Reaktion gewohnt, denn tatsächlich verfügt das Hotel über einen der schönsten Patios, wie die Innenhöfe in Spanien und Lateinamerika oft genannt werden. „Palma hat eine sehr große Anzahl davon, aber nur wenige sind auch für Außenstehende zugänglich", erklärte Florian.

Er war sich nicht sicher, ob die beiden zuhörten. Sie waren schwer mit dem Schießen von Handyfotos beschäftigt und offensichtlich entzückt von der Anmut des Ortes. Florian hörte mehrfach „Great!" und „Gosh!" und freute sich, dass ihnen der Innenhof gefiel. Die besondere Anmut kam in diesem Fall von der Nutzung des Patios als gastliche Stätte mit Tischen und Stühlen, die zur Einkehr einluden.

„Hierher kommen wir zurück", bekräftigten die beiden Frauen sich gegenseitig und an Florian gerichtet: „Wie toll, dass wir dich kennengelernt haben. Du bist großartig." Begeistert hakten sie sich bei ihm ein.

Florian schmunzelte in sich hinein. Wenn ihn jetzt einer seiner Kollegen sehen würde, wäre ihr häufig geäußertes Klischee wieder einmal bestätigt worden. Ihm wurde nachgesagt, dass er sehr leicht Kontakte knüpfte und besonders beim anderen Geschlecht gut ankam. Die Kollegen nannten ihn leicht spöttisch den „Frauenbeauftragten" der Firma, was er aber emotionslos akzeptierte.

Tatsächlich flirtete er gerne, aber als eingefleischter Junggeselle war ihm die richtige Frau bislang noch nicht über den Weg gelaufen.

Der kleine Trupp war zwischenzeitlich auf die Plaça de Sant Francesc getreten. Der weitläufige Platz vor der Kirche des Heiligen Franziskus wurde von den beiden Frauen unweigerlich mit vielen Ahs und Ohs kommentiert.

Ebenso wie ihre unzähligen Aufnahmen mit den Mobiltelefonen immer wieder von einem „Great!" oder „Gorgeous!" begleitet wurden.

Der Platz gab mehr als genug Anlässe, um überrascht und begeistert zu sein. Zuallererst wegen der Weite des blauen Himmels darüber und der damit verbundenen Helligkeit. Nachdem der Weg dorthin durch eine enge und recht dunkle Gasse geführt hatte, überraschten der Platz und die Kirche darauf außerdem mit ihren schieren Dimensionen.
Daneben fiel dem Betrachter die Opulenz des Kirchenportals ins Auge. Dessen Auffälligkeit liegt vor allem an dem Baustil, dem Barock, der in Palma eher selten vorkommt. Florian ging in seiner Rolle als Fremdenführer auf und obwohl die beiden Frauen immer noch am Fotografieren waren, zeigten sie ihm durch häufiges Anblicken, dass sie ihm aufmerksam folgten.

Florian zeigte nun auf ein mächtiges Gebäude am rechten Rand des großen Platzes.

„Der Sitz der Verwaltung des Franziskanerordens auf Mallorca, aber auch ein Museum und eine Privatschule in unseren Tagen. Zwischen diesem Gebäude und der Kirche liegt ein Kreuzgang, einer der schönsten auf der Insel. Er beinhaltet eine große Grünfläche. Einmal im Jahr findet hier in einem sehr anmutigen und historischen Rahmen eine Präsentation von mallorquinischen Weingütern statt.“

Die beiden waren seinen Ausführungen aufmerksam gefolgt und wollten nun wissen, wann dieser Event das nächste Mal abgehalten würde. „Leider erst in zehn Monaten, aber ihr könnt das ja zum Anlass nehmen, um wieder nach Mallorca zu kommen“, scherzte Florian. Ihre interessierten Mienen vermittelten ihm den Eindruck, dass die Frauen dies als ernste Option sahen.

„Und hier seht ihr nun die Statue des Fra Junípero Serra, also Bruder Junipero. So werden Mönche gelegentlich auch heute noch genannt. Der Indio-Junge neben ihm auf dem Sockel weist auf seine Missiontätigkeit hin und auf der Tafel vorne sind seine Lebensdaten vermerkt.“

„Da steht, er ist in Petra geboren, aber das ist doch in Jordanien.“ Celine war deutlich verunsichert, aber Florian konnte sie gleich wieder beschwichtigen. „Wir haben auch ein Dorf namens Petra auf Mallorca. Hier herrschten über dreihundert Jahre die Mauren, die viele Dörfer und Städte gegründet haben, darunter Petra in der nördlichen Inselmitte Mallorcas. Petra wurde übrigens tatsächlich in Anlehnung an die jordanische Schwesterstadt benannt und bedeutet ‚die Strahlende'."

Celine und Jenny waren begeistert. „Da müssen wir auch noch hin."

Florian nahm die Anregung gleich auf. „Das solltet ihr wirklich einplanen, denn es gibt in Petra ein kleines Museum zu Ehren des Junípero. Sehr sehenswert ist außerdem die Pfarrkirche Sant Pere. Ihr wisst ja, dass Bruder Junípero die wichtigsten Städte Kaliforniens gegründet hat, indem er Missionsstationen errichtete, die er nach Heiligen benannte, wie die Heilige Monika oder die Heilige Barbara. Er bedachte natürlich auch den Gründer seines Ordens, den Heiligen Franziskus."

Bei beiden Frauen nickten bei jeder Namensnennung. „San Francisco, Santa Barbara, Santa Monica, Los Angeles – die Stadt der Engel, alle von Bruder Junípero gegründet. Das wissen wir."
„Ebenso wie San Diego, allerdings war dieser Name dort schon vor Junípero verwendet worden, und zwar als Bezeichnung für eine Militärstation", ergänzte Florian.

„Wenn ihr nun nach Petra fahrt und die Kirche besucht, dann seht euch auf jeden Fall die Seitenaltäre an. Dort sind viele Heilige abgebildet, deren Namen ihr auf der Landkarte von Kalifornien findet werdet. Nach diesen Heiligen hat Bruder Junípero nämlich seine Missionsstationen benannt."

Celine und Jenny zeigten sich tief beeindruckt. „Das machen wir, das wird unsere Instagram-Accounts boosten." Aufgekratzt lachten sie sich an.

„Und da ihr an Wein interessiert seid, müsst ihr unbedingt am Rande des Dörfchens Petra das Weingut *Miquel Oliver* besuchen. Die Winzerin und Önologin Pilar Oliver macht vorzügliche Weine, darunter einen meiner Lieblingsweine, den MuscAt. Und wenn ihr tatsächlich einen Besuch dort einplant, grüßt mir Isabel herzlich. Sie wird sich vortrefflich um euch kümmern und euch die leckeren Weine verkosten lassen."

Beim Gedanken an die hervorragenden Weine und die herzliche Betreuung von Isabel, die er schon oft hatte genießen dürfen, wäre Florian am liebsten sofort mit den beiden jungen Damen nach Petra gefahren.

Jenny hatte in ihrem Telefon herumgetippt und bei Google das Weingut auch bereits gefunden – sie zeigte ihm das Bild auf dem Display. „Ist es das?" Florian nickte. „Genau. Sehr leicht zu finden, direkt an der Zufahrtsstraße zum Dörfchen gelegen."

„Da gehen wir in jedem Fall hin. Kannst du uns noch weitere Weingüter empfehlen? Dann machen wir vielleicht auch gleich eine Weintour." Celine sah ihn fragend an.

„Um einen vollständigen Eindruck von den autochthonen Sorten Mallorcas zu erhalten, also den Reben, die es nur auf Mallorca und sonst nirgendwo gibt, empfehle ich sehr, dass Weingut

Tianna Negre zu besuchen. Es liegt mehr oder minder auf der Strecke nach Petra am Rande des berühmten Weinortes Binissalem.

Dort werdet ihr vorzüglich von Carola empfangen, die euch nicht nur die Vielfalt der mallorquinischen Weine nahebringen wird, sondern auch noch zwei weitere sehr wichtige Produkte der Insel verkosten lassen kann. Den Hierbas und den Vermouth, da will ich mal noch nicht allzu viel verraten, die müsst ihr aber unbedingt probieren. Und auch Carola grüßt dann bitte herzlich von mir."

Die Amerikanerinnen waren begeistert und drückten dies auch aus. „Das machen wir. Danke für die tollen Tipps, und jetzt bitte das Foto mit der Statue von Junípero Serra. Am besten, eine von uns steht links und die andere rechts von der Statue."

Jenny hatte Florian ihr Mobiltelefon gereicht und die jungen Damen waren auf den Bordstein gehüpft, auf dem die Statue auf einem Sockel stand und hatten sich in der gewünschten Position aufgestellt.

Florian machte mehrere Fotos im Längs- und Querformat und ermunterte die Ladys, noch breiter zu lächeln und begeisterter zu winken. Es war offensichtlich, dass die beiden viel Spaß bei ihrer Fotosession hatten.

Florian gab das Mobiltelefon zurück. „Ihr wisst, dass Junípero Serra der einzige Nicht- Amerikaner ist, der eine Büste im Capitol in Washington hat?" Fragend sah er die beiden an.

„Klar wissen wir das", tat Celine leicht entrüstet. „Gut", erwiderte Florian. „Dann wisst ihr sicher auch, dass jeder Bundesstaat in den Vereinigten Staaten genau zwei Personen benennen darf, die im Capitol geehrt werden. Könnt ihr mir denn sagen, wer für Kalifornien die zweite Person ist?" Florian erwartete zwar auch hier die richtige Antwort zu erhalten, aber er hatte sich geirrt. Fragezeichen zeichneten sich in den Gesichtern der beiden ab.

Erwischt, freute sich Florian. Stolz, mit seinem Wissen punkten zu können, ergänzte er: „Die zweite Person, die von Kalifornien benannt wurde, ist *Ronald Reagan*."

Ungläubig sahen sich die beiden Amerikanerinnen an. „Das wussten wir nicht, aber das schreiben wir gleich in den Text unter unsere Bilder bei Insta." Jenny sah Celine auffordernd an.

„Du weißt sehr viel", bemerkte Celine in Richtung Florian. „Dürfen wir dich zu einem Glas Wein oder zu einem Mittagessen einladen und du erzählst uns noch ein wenig mehr von Palma, Mallorca und der ganzen Geschichte?" Florian zögerte, aber tatsächlich hatte er nichts vor. „Gerne nehmen wir ein Glas zusammen. Hier links liegt gleich das Hotel Sant Francesc, welches eine sehr schöne Bar auf der Dachterrasse hat. Von dort könnt ihr die Kathedrale und einen guten Teil der Altstadt Palmas sehen. Da kann ich euch zu einzelnen Gebäuden, die von dort zu sehen sind, noch ein wenig erzählen. Man sitzt dort sehr exklusiv und wird bestens bedient. Das Hotel gehört zu den besten Palmas."

Celine und Jenny sahen nach oben. „Großartige Idee!" Erneut nahmen sie ihn in die Mitte und zogen ihn in Richtung Eingangstür.

In der Lobby tauschte Florian ein paar Worte auf Spanisch mit der Rezeptionistin aus, dann wandte er sich wieder den beiden Frauen zu. „Obwohl tagsüber nur Hotelgäste die Dachterrasse mit dem Pool und der Poolbar nutzen dürfen, wurde uns erlaubt, nach oben zu gehen, weil sich gerade keiner der Gäste dort aufhält. Und die freundliche Dame schickt auch gleich einen Barmann nach oben, so dass wir bestellen können."

Auch diese Nachricht quittierten die Amerikanerinnen mit Rufen der Begeisterung. Florian zeigte in Richtung Aufzug und zog die beiden mit sich.

Der Ausblick über die Dächer der Altstadt von Palma begeisterte auch Florian immer wieder aufs Neue: die mächtige Kathedrale, die Türme der 55 historischen Kirchen in der Altstadt von Palma und das in der Ferne liegende Castell Belver. Besonders mochte Florian die Fassade der früheren Sparkasse *Caja de Ahorros*. Das Gebäude wurde seit Jahren nicht mehr genutzt und verfiel zunehmend, aber die Pracht und einstige Bedeutung dieser Bank für die Stadt Palma ließen sich noch gut an der Architektur und der Größe des Baus ablesen.

Celine und Jenny waren unablässig damit beschäftigt, Handyfotos zu schießen, wieder begleitet von unzähligen Begeisterungsrufen. Selbst der Barmann, der erschien und nach den Getränkewünschen fragte, musste über die überschwängliche Freude der Amerikanerinnen schmunzeln.

„Florian, suche bitte einen Wein aus, natürlich von hier, und nimm auch gleich eine Flasche. Wir sind ja schließlich zu dritt." Celine wusste genau, was sie wollte. Das gefiel Florian, zumal die Auswahl an mallorquinischen Flaschenweinen deutlich größer war als an Weinen im Offenausschank. Trotz der guten Auswahl fehlten Florian die Weine seiner Lieblingsgewächse. „Tianna Bocchoris, AVA, Ribas, Quibia, alles Fehlanzeige", grummelte Florian, aber dann erheiterte sich seine Miene.

„Sa Fita", ein Spitzen-Weißwein vom Weingut Es Fangar aus Felanitx, befand sich hier auf der Weinkarte, zudem zu einem sehr vernünftigen Preis, so dass Florian nicht zögerte und den Barmann bat, eine Flasche zu öffnen.

„Hast du einen guten Wein gefunden?", fragte Celine neugierig. „Einen der besten Weißweine von Mallorca. Ich hoffe, dass er euch auch schmeckt. Ich mag ihn sehr, kann ihn mir nur nicht sehr oft leisten", kokettierte Florian ein wenig. Dann beeilte er sich aber zu erklären: „Mallorquinische Weißweine kosten deutlich mehr als Weine vom Festland. Das liegt unter anderem daran, dass das Klima auf Mallorca für Weinbauern sehr viel komplizierter ist und die Weinstöcke eine intensivere Bearbeitung benötigen. Aber auch alles Material für den Weinbau, beginnend

von den Traktoren, Maschinen, Pressen, über Fässer, Flaschen bis zu den Korken muss von auswärts nach Mallorca gebracht werden. Das erhöht natürlich die Beschaffungspreise."
Die beiden Amerikanerinnen hörten aufmerksam zu, aber besonders Celine schien Florian an den Lippen zu hängen.

„Wie lange gibt es denn Weinbau auf Mallorca schon?", interessierte sie sich. „Seit der Zeit der römischen Herrschaft auf Mallorca und die begann 123 vor Christus." „123 vor Christus", wiederholten die beiden ehrfurchtsvoll. „Wahnsinn, von so einer langen Tradition können wir in den USA nur träumen."

Florian musste lächeln. „Die Besiedlung von Mallorca hat aber bereits deutlich früher stattgefunden, um 6.500 vor Christus kamen hier die ersten Menschen an. Das waren Ibero-Kelten und sie kamen vom spanischen Festland."

„Warum?" „Warum was?" Florian sah Celine etwas konsterniert an. „Warum haben diese Menschen das Festland verlassen und sich auf den Weg in Unbekannte gemacht? Gab es denn damals schon Boote?"

Intelligente Frage, dachte Florian und sah Celine ins Gesicht. War sie ihm bislang nur als eine durchschnittlich gutaussehende Frau erschienen, änderte sich gerade seine Wahrnehmung. *Sie hat etwas Besonderes,* grübelte er und musste sich zugestehen: *Sie ist wirklich hübsch und interessant.*

Er ließ sich aber nichts anmerken und antwortete: „Gute Frage. Der Hauptgrund für die Wanderung unserer Vorfahren war die Suche nach Nahrung. Die Bewirtschaftung von Flächen zur Erzeugung von Lebensmitteln war nicht üblich. Wenn ein Landstrich abgewirtschaftet war, zog man einfach weiter. Und Boote gab es tatsächlich noch nicht. Die ersten hochseetauglichen Schiffe, mit einem Schwert unter dem Rumpf für die Stabilität, wurden von den Phöniziern erfunden, das war aber erst um 1.000 vor Christus. Die ersten Siedler kamen hier noch mit dem Einbaum an. Da die kürzeste Distanz vom Festland zur Insel 170 Kilometer oder 105 Meilen beträgt, war die Überfahrt ein großes Risiko. Das Mittelmeer kann sehr stürmisch und die hohen Wellen sehr gefährlich werden. Aber diejenigen, die hier angekommen sind, haben paradiesische Zustände vorgefunden, denn auf der Insel gibt es auch im Winter Früchte und Gemüse zum Ernten, es gibt keine Schneestürme und vor allem gab es eines nicht: Feinde!"

Celine hing an Florians Lippen, sein Vortrag wurde aber gestört durch die Ankunft des Barmanns mit der Weinflasche und drei Weingläsern.

„Welch markante Flaschenform!" Celine hatte die Flasche aus dem Kühler gezogen und bewunderte die geschwungene Form des Flaschenhalses. „Das gefällt mir", sprach sie vor sich hin und drehte die Flasche vor ihren Augen. Der Barmann wartete geduldig. Erst als Celine ihre Begutachtung beendet hatte, entkorkte er die Flasche.

„Nun hoffe ich, dass er euch auch schmeckt." Florian reichte jeder der beiden ein Glas. Celine hatte sofort hineingerochen und lächelte verzückt, der Geruch schien ihr schon einmal zu gefallen. Danach begann sie das Glas zu schwenken.

Wie ein Profi, dachte Florian. Auch die aufsteigenden Aromen aus dem geschwenkten Glas schienen der jungen Frau zu gefallen.

„Chardonnay?" Sie sah Florian fragend an. „In der Tat, aber auch die lokale Traubensorte Prensal Blanc und Muscat schaffen ein hervorragendes Cuvée und runden den Wein vortrefflich ab."

Celine schien auch mit dem Geschmack des Weines zufrieden sein. Sie lachte Florian an und schaute dann zu ihrer Freundin. Die hatte das Glas bereits ausgetrunken und reagierte auf Celines leicht spöttischen Blick nur mit einem „Was? Ich hatte Durst. Und der Wein ist einfach großartig!"

Alle drei lachten. Jenny hatte sich bereits nachgeschenkt, so dass erst die beiden Frauen anstießen und dann ihre Gläser Richtung Florian hielten. „Hervorragend gewählt, ein klasse Wein." Jenny ergänzte: „Und wenn das jemand einschätzen kann, dann ist es Celine. Ihrer Familie gehört eines der großen Weingüter im Napa Valley. Sie ist studierte Önologin und wird eines Tages das Weingut führen."

„Welches denn?," entfuhr es Florian. Dann ergänzte er: „Ich war viele Male im Napa Valley und kenne mich ein wenig aus."

Celine zierte sich noch ein wenig, aber Jenny konnte nicht an sich halten und verriet: „Es heißt Celestial Dragon."

Florian war geplättet. „Du bist die Enkelin von Jack Holden?" Celine war sichtlich verblüfft. „Woher kennst du meinen Großvater? Ich bin tatsächlich die Tochter seines ältesten Sohnes."

Auch Florian erschien das etwas unwirklich. „Im ganzen Napa Valley kenne ich nur drei Personen näher, aber am besten kenne ich Jack. Ich habe ihn durch Zufall auf einer Weinmesse kennengelernt, wo ich als Student gejobbt habe, und bin dann zwei Jahre später seiner Einladung gefolgt und habe ihn besucht. Er hat mir zwei seiner Söhne vorgestellt, vielleicht kenne ich ja deinen Vater?"

„Mit Sicherheit, denn mein Vater hat nur einen Bruder. Wann warst du denn auf unserem Weingut?"

Florian überlegte. „Das ist schon eine Weile her. Es war in jedem Fall zu der Zeit, als das Flugzeug im Hudson River notlanden musste. Ich erinnere mich sehr gut, dass ich abends im Hotel in den Nachrichten die Bilder davon gesehen habe."

„Das war im Jahr 2009. Im letzten Jahr wurde an den 10. Jahrestag dieser Notlandung erinnert", wusste Celine zu berichten.
„Zu der Zeit war ich auf der Weinakademie und habe meine Ausbildung gemacht. Also haben wir uns bei deinem Besuch

nicht sehen können. Das ist ja ein Zufall! Du hast schon einmal meinen Dad gesehen."

„Unglaublich! Auch wenn ich mich nicht an ihn erinnern kann, aber ich kann mich sehr gut an Jack erinnern. Wie geht es ihm? Er muss nun schon weit über 80 Jahre alt sein, richtig?"

„Er feiert in diesem Jahr seinen 88. Geburtstag, aber ihm geht es fantastisch. Der Wein hält ihn jung." „Mein Reden." Florian lachte auf. Ich sage immer: ‚Wer 90 Jahre lang trinkt, der wird alt.' Grüße bitte deinen Großvater auf das Allerherzlichste von mir. Allen meinen Freunden, die nach Kalifornien fliegen, empfehle ich immer einen Besuch in eurem Weingut. Warte mal." Florian zog sein Smartphone aus der Tasche. „Vor drei Monaten waren Freunde von mir im Napa Valley und sie haben mir ein Foto vom Weingut geschickt und sich für den Tipp bedankt." Florian scrollte nach unten, um plötzlich verblüfft innezuhalten.

„Das gibt es nicht!" Er schüttelte den Kopf und seine Augen wanderten von Celine zum Mobiltelefon und zurück. Da stand tatsächlich zwischen seinen beiden Freunden Celine in der Mitte des Bildes. Florians Freund hatte daruntergeschrieben: Das ist die Weinmacherin. Tolle Frau, sie übernimmt mal das Weingut. Die wäre was für dich – sie ist tatsächlich noch unverheiratet.

Celine hatte zunächst das Bild auf Florians Smartphone betrachtet und dann den Text. „Was steht da geschrieben?" Sie sah Florian fragend an.

Der war nun ein wenig verlegen, hatte sich aber rasch wieder im Griff und übersetzte, indem der die Zeilen mit dem Finger entlangglitt: „Wir haben viel Spaß, ein tolles Weingut mit einer wunderbaren Weinmacherin und ganz tollen Weinen."

Celine merkte die kleine Ungenauigkeit bei der Übersetzung nicht, sondern freute sich sehr über das Bild und bekundete, dass sie sich noch sehr gut an den Besuch des Paares erinnern könne.

„Wir haben schon eine Menge Gemeinsamkeiten." Sie lachte. „Du kennst meinen Großvater, bist meinem Vater schon einmal begegnet und ich kenne Freunde von dir. Vielleicht ist das ein Zeichen?"

Erst jetzt fielen Florian die wunderschönen Grübchen auf, die sich in Celines Gesicht bildeten, wenn sie lachte. Seine Gedanken überschlugen sich. *Wenn sie 2009 auf der Universität war, war sie damals zwischen 20 und 23 Jahren alt. Das ist jetzt elf Jahre her, also wird sie zwischen 31 und 34 Jahren alt sein.* Sie sah allerdings deutlich jünger aus, vor allem jünger als er selbst und ihm stand dieses Jahr sein 35. Geburtstag ins Haus. *So weit sind wir gar nicht auseinander*, dämmerte es ihm.

„Das ist ganz sicher ein Zeichen", bekräftigte er Celines Worte. Jenny machte den Eindruck, sich ein wenig ausgeschlossen zu fühlen und brachte sich damit in Erinnerung, dass sie ihr Glas an die der beiden anderen stieß und verkündete: „Darauf müssen wir anstoßen."

Unvermittelt hatte Florian das Bedürfnis, mehr Zeit mit Celine verbringen zu wollen und ergriff sofort die Initiative.

„Wie wäre es mit einem schönen gemeinsamen Mittagessen? Nicht weit von hier gibt es sehr gutes Restaurant namens *Wine & Food*. Die haben dort eine vorzügliche Mittelmeerküche und wie der Name schon sagt, eine vielfältige Auswahl an sehr guten Weinen."

Ein zustimmendes „Great!" erscholl aus den Mündern der beiden. Celine schenkte den restlichen Wein aus, während Jenny an die Bar lief und bereits ihre Kreditkarte gezückt hatte.

Florian war Jenny mit den Augen gefolgt, eine Art elektrischer Schlag veranlasste ihn jedoch, urplötzlich auf seine rechte Hand und danach in Celines Gesicht zu schauen.

Den elektrischen Schlag hatte allein die Berührung von Celine ausgelöst, die seine Hand genommen hatte.

„Krass." Florian war gerade nicht ganz sicher, was mit ihm geschah, aber eines war ihm bewusst, die Berührung durch Celine gefiel ihm außerordentlich.

Es gab auch keine Anzeichen, dass sie seine Hand wieder loslassen wollte. Im ersten Moment war Florian das ein wenig unangenehm, vor allem, weil Jenny gerade zurückkam. Jenny schien das jedoch ganz natürlich zu finden und verkündete frohgemut: „Bei den Preisen macht Weintrinken so richtig Spaß.

Im Napa Valley hätte ich das Zwei- bis Dreifache bezahlen müssen. Und wir sind hier ja in einem Fünf-Sterne-Hotel."

„Lass uns gehen." Celine machte eine Bewegung nach vorne mit ihrer Hand und zog dabei Florian mit sich. Florian war es ein wenig demütig zumute. Wie bei einem Mantra wiederholte er in seinen Gedanken: *Bitte lass nicht los, bitte lass nicht los!* Er versuchte, möglichst keine ruckartige Bewegung zu machen, um Celine keinen Anlass zu geben, seine Hand loszulassen.
Als die drei aus dem Aufzug stiegen und in die Lobby des Hotels traten, konnte Florian den Unterschied, den die vergangene halbe Stunde in seiner Gefühlslage bewirkt hatte, kaum glauben.

Florian kam ein Liedtext in den Sinn, worin besungen wurde, dass sich in 24 Stunden alles ändern kann. Von wegen! Thirty little minutes schaffen das auch.

Ein Mitarbeiter des Hotels öffnete ihnen die Tür und Florian verstand den eingeschränkten Raum des Türrahmens zu nutzen, um Celine ein wenig näher an sich heranzuziehen und in den Arm zu nehmen. Sie zeigte ihm unmittelbar, dass ihr das sehr angenehm war, indem sie ihren Kopf kurz an ihn lehnte. Als sie anschließend wieder auf dem Platz vor der Franziskuskirche standen, bat Celine ihre Freundin: „Mache doch ein Foto von Florian und mir mit der Statue des Junípero Serra, dann kann er das an seine Freunde senden."

„Gerne." Jenny hatte bereits ihr Mobiltelefon aus der Tasche gezogen. „Stellt euch links und rechts von der Statue auf." Celine schüttelte den Kopf. Sie zog Florian neben sich und rief

Jenny zu: „Wir stehen nebeneinander." Dabei zog sie Florian enger an sich und legte den Arm um ihn.

Sie weiß, was sie will. Das gefällt mir, dachte er. Dabei sah er auf die Statue von Junípero Serra und erinnerte sich, dass er erst vor wenigen Jahren heiliggesprochen wurde.

Er schmunzelte in sich hinein. *Du hast die Mandeln von Mallorca nach Kalifornien gebracht, und mir jemanden ganz Besonderes dafür zurückgeschickt. Dafür bin ich dir unendlich dankbar. Ab sofort ernenne ich dich zu einem weiteren Schutzpatron, dem der frisch Verliebten.*

Wiedersehen in Palma

Meine Reise begann vor ziemlich genau einem Monat in meiner Heimatstadt Münster. Ich schnappte mir meinen Rucksack, packte ein paar Klamotten, das nötigste Hygienezeug und meine Ukulele ein und holte mir ein europaweit gültiges Zugticket. Das war mein Geschenk an mich, weil ich mein Abitur erfolgreich gemeistert hatte. Ich war der Hölle entkommen – endlich!

Das Geld für das Ticket hatte ich mir zusammengespart, aber ansonsten hatte ich keinen Cent parat. Das war aber okay so. Ich hatte ja meine Ukulele, weshalb es mein Plan war, mir unterwegs das nötige Kleingeld fürs Essen und das ein oder andere Glas Wein zu erspielen und zu ersingen.

Als Backpackerin durch Europa zu fahren und von Straßenmusik zu leben, das war schon immer mein Traum gewesen. Und in diesem Sommer hatte ich mir diesen Traum endlich erfüllt. Das einzig Schwierige war, täglich beziehungsweise alle paar Tage eine neue Übernachtungsmöglichkeit zu finden. Aber wenn man so viel unterwegs ist, merkt man schnell, dass die Menschen dieser Welt überwiegend herzallerliebst sind und äußerst hilfsbereit obendrein. Hinzu kommt, dass man mit einem in ganz Europa gültigen Zugticket auch während der Zugfahrten schlafen kann – das hatte sich mehr als einmal als gute Notlösung erwiesen.

Bisher hatte mich meine Reise erst nach Holland und dann nach Belgien geführt. Von dort war ich weiter nach Frankreich gefahren und anschließend nach Spanien und Portugal, wo ich die meiste Zeit verbracht hatte. Jetzt zog es mich nach Mallorca, wo ich meine Reise abschließen wollte. Das stellte mich natürlich vor enorme Herausforderungen, denn mit dem Zug konnte ich da schlecht hin, richtig? Richtig! Aber für diesen Abschnitt hatte ich bereits in Deutschland vorgesorgt und mir günstige Flugtickets jeweils von und nach Sevilla organisiert – ein bisschen geschummelt vielleicht, aber was will man tun? Für den krönenden Abschluss meines Backpacking-Abenteuers hatte ich mir nun mal Palma ausgesucht, die majestätische Stadt auf den Balearen.

Abgesehen von den vielen Erfahrungen, die ich bis zu diesem Zeitpunkt gesammelt hatte, war die Gastfreundschaft der Menschen wohl das, was mich während meiner Reise mit Abstand am meisten beeindruckt hatte. Klar hatte ich auch immer wieder Bedenken, denn ich bin nun mal ein nicht unbedingt schlecht aussehendes junges Mädchen im rockigen Outfit, mit bunt gefärbten Haaren, Piercings und einer Mir-doch-egal-Einstellung. Ich hätte es verstanden, wenn mich niemand bei sich schlafen lassen hätte, aber die Welt ist schlussendlich doch ein überwiegend guter Ort. Und das zu begreifen, war all die Strapazen, die ich unterwegs auf mich nahm, all das Zähneputzen auf öffentlichen Toiletten, das Wäschewaschen in Flüssen und Ähnliches, absolut wert.

Zugegeben, in Palma war ich schon ganz schön erschöpft. Das war nach einem Monat des Backpackens vielleicht auch kein Wunder. An meinem letzten Tag, bevor es zurück nach Hause ging, hatte ich gerade mal vier Euro in der Tasche und noch keinen Schlafplatz für die kommende Nacht. Aber über diese Dinge machte ich mir keine Sorgen, denn ich konnte meine Reisekasse jederzeit aufbessern, indem ich mich an den Straßenrand stellte und ein paar Lieder trällerte. Dafür, jemanden zu finden, bei dem ich schlafen konnte, hatte ich noch den ganzen Tag lang Zeit. Immerhin war es erst Vormittag.

Mein Magen knurrte. Mein nächstes Ziel war es also, etwas halbwegs Gesundes zum Essen zu finden. Na ja – eigentlich, denn es kommt häufig anders, als man denkt. Als eine Reisegruppe direkt neben mir stehenblieb, während ich mir die Speisekarte eines für mich viel zu teuren Restaurants durchlas, schnappte ich ein paar Worte auf, die der Führer gerade an die Ausflugsgruppe richtete. Es war schwer, das nicht zu tun, denn dieser junge Herr sprach Deutsch und hatte eine hypnotisierend angenehme Stimme. Eine Stimme, die Erinnerungen in mir weckte. Das war mit Sicherheit Thomas, der damals ebenfalls auf meinem Gymnasium gewesen war, allerdings zwei Jahre über mir. Ich war lange in ihn verliebt gewesen, was er nicht wusste und auch nie erfahren hat. Die älteren Jungs interessierten sich leider nicht für die Mädchen aus den unteren Klassen. Ich hatte nie auch nur einen Anlauf genommen, um ihm meine Zuneigung zu zeigen. Teenager-Verliebtheit eben.

Nachdem er mit dem Abitur die Schule verlassen hatte, hatte ich ihn nicht wiedergesehen und bis auf eine kurze Herzschmerz-Phase auch kaum an ihn gedacht. *So, so, auf Mallorca lebt er nun.*

Die Story, die er seiner Gruppe gerade erzählte, war richtig packend. Er sprach über den tieferen Sinn hinter dem Kunstwerk, welches sich vor uns und somit mitten auf dem Platz Porta de Santa Catalina befand. Es sah aus wie eine Kirche, die auf dem Kopf stand. Sie wurde von dem berühmten Künstler Dennis Oppenheim gefertigt und stand – laut Thomas – gar nicht auf dem Kopf, sondern machte einen Handstand. Und dies, um das Böse auszurotten. So in der Art verstand ich das zumindest. Aber für mich stand sie einfach nur auf dem Kopf – sorry, Dennis!

Die Reisegruppe setzte sich in Bewegung. Da Thomas nicht aufhörte, spannende Dinge zu erzählen und ich mich irgendwie wieder von ihm angezogen fühlte, entschloss ich mich kurzerhand, auf mein Hungergefühl zu pfeifen und mich der Gruppe anzuschließen.

Da man wahrscheinlich bezahlen musste, um bei dieser Führung mitgehen zu dürfen, hielt ich mich unauffällig im Hintergrund. Mit meinen vier Euro hätte ich diesen Ausflug sicher nicht bezahlen können und wer wusste schon, ob Thomas sich überhaupt an mich erinnern würde.

Wir liefen durch die Altstadt und landeten auf dem Plaça del Rei Joan Carles I., wo ein hübsches Denkmal daran erinnert, dass Spanien mal eine auf vier Kontinenten vertretene Weltmacht war. Obwohl ich mich im Hintergrund halten musste, lauschte ich Thomas' Erzählung hingebungsvoll. Wenn er sprach, passierte etwas mit mir, das mich in einer sehr besonderen Weise berührte. Das lag an seiner sonoren, warmen Stimme, aber auch an der Weise, wie er sprach. Er hatte die Tour bestimmt schon viele Male gemacht, aber seine Begeisterung war greifbar und seine Liebe zu der Stadt spürbar. Dieses Gefühl hatte nicht nur ich, denn bei den Fußwegen zwischen den Sehenswürdigkeiten drückten ihm die Teilnehmer untereinander ihre Anerkennung und ihr Lob aus.

Am Plaça del Rei Joan Carles I., der von den Einheimischen immer noch *Schildkrötenplatz* genannt wird, wie ich aus Thomas' Schilderung erfuhr, wurde 1833 ein Obelisk errichtet, in den auch vier Schildkröten eingearbeitet waren. Thomas zeigte auf den unteren Bereich der Stele und tatsächlich, nun sahen wir es alle. Der obere Teil des Obelisken stand auf vier Schildkrötenrücken. „Diese Schildkröten haben eine Bedeutung, sie repräsentieren die vier damals bekannten Kontinente. Sie weisen darauf hin, dass Spanien eine Kolonialmacht mit Kolonien auf allen Kontinenten war. Allerdings hatte Spanien nur ein einziges Land als Kolonie in Asien. Kann mir jemand sagen, wie dieses Land hieß?" Fragend sah Thomas sich um, aber überall begegneten ihm nur betretene Gesichter.

„Indien", meinte einer der Teilnehmer, „Macau" ein anderer, aber beide Male schüttelte Thomas den Kopf. „Ihr wisst es alle, denn das Land wurde nach König Philipp II. benannt." „Philippinen", schallte es ihm jetzt mehrfach entgegen und er schmunzelte. „Seht ihr, ich habe doch gesagt, dass ihr es wisst. Über dreihundert Jahre war Spanien Kolonialherr der Philippinen, daher war Spanisch bis vor 30 Jahren auch noch eine Amtssprache und 80 Prozent der Philippinner sind katholisch." Jetzt wusste ich endlich, warum die Philippiner, die ich kannte, spanische Namen hatten.

Thomas' Art zog mich immer mehr in den Bann. Er war nicht nur ein wandelndes Lexikon, sondern auch ein begnadeter Erzähler. Selbst die Jugendlichen in der Gruppe folgten seinen Ausführungen aufmerksam, besonders jetzt, wo er eine dramatische Liebesgeschichte ankündigte. Thomas deutete auf eine Hausecke. Unten stand *Corner*, was wohl der Name eines Geschäftes war, darüber, im ersten Stock, zeigte Thomas nun auf einen steinernen Kopf, der dort angebracht war. Die kleine Skulptur wirkte besonders deshalb markant, weil auf ihrem Kopf ein Turban zu erkennen war. Das Gesicht trug zudem deutlich arabische Züge.

Thomas hatte erwähnt, dass es zur Hintergrundgeschichte dieses Kopfes mehrere Versionen gäbe, seine bevorzugte Version aber die Folgende sei: „Ihr müsst wissen, dass nach der Eroberung der Stadt Palma durch Jakob von Aragón die meisten hier lebenden Araber getötet wurden. Den Überlebenden war es von da an streng verboten, mit Christen eine Beziehung zu unterhalten. Ein arabischer Edelmann hatte jedoch ein Verhältnis mit einer Christin, was die beiden auch nicht beenden wollten. Sie entschlossen sich, zu fliehen. Als sie aber an das Stadttor kamen, war dieses verschlossen und von einem Wärter bewacht. Der arabische Adlige, ein ausgebildeter Soldat, erstach den Wärter und die beiden Liebenden flüchteten in den Hafen, um ein Schiff nach Andalusien zu besteigen. Doch die Soldaten des Jakob von Aragón waren schneller. Sie nahmen den Flüchtigen fest und zur Strafe wurde er noch an Ort und Stelle geköpft. Sein Kopf wurde dann zur Abschreckung an dieser Hauswand aufgehängt und nachdem er verrottet war, wurde ein steinernes Gesicht an der Wand aufgebracht. Das war eine Warnung, die es in sich hatte: Araber lasst die Hände von unseren Frauen!"

„Da ich nicht sicher war, ob das womöglich für alle Ausländer gilt, habe ich vorsichtshalber mit meiner mallorquinischen Freundin Schluss gemacht. Ich wollte vermeiden, dass mein Kopf eines Tages an einer Hauswand hängt." Thomas lachte schelmisch und erzeugte allgemeine Heiterkeit in der Gruppe. Offensichtlich hatten alle den Scherz verstanden.

„Im Jahr 1830 wurde auch diese Prachtstraße eingeweiht." Thomas zeigte mit ausgestrecktem Arm auf eine Allee, die von den typischen Mittelmeerbäumen gesäumt war, den Platanen, die ich schon von Sevilla und Málaga kannte. Am unteren Ende dieser mondänen Straße war auf einem Platz ein Springbrunnen zu erkennen. „Plaça de la Reina", hörte ich Thomas gerade sagen, also Platz der Königin. Dann zeigte er auf zwei Sphinxe, die unten am Ende der Allee standen und auf zwei Exemplare, die direkt neben uns thronten.

„Diese Sphinxe wurden bewusst zur dekorativen Ausgestaltung des Platzes ausgewählt. Sphinxe sind Wächterfiguren vor Tempeln und Grabanlagen und so bewachen auch diese vier Sphinxe die beiden Zugänge zu dieser Prachtstraße. Und sie stehen für eine Hochkultur der Vorzeit. Die Ägypter, Phönizier,

Römer und Griechen galten den Spaniern als Vorbilder und sie reihten sich von der Bedeutung her gerne in diese Hochkulturvölker ein. Daher finden sich an anderen Stellen in der Stadt Statuen von Römern, Griechen und Phöniziern. Sphinxe sind meist männlich. Sie haben einen Löwenkörper mit dem Kopf eines Mannes, gerne dem eines Pharaos. Hier sehen wir aber, dass Frauenköpfe auf den Löwenkörpern aufgebracht wurden und wir sehen, dass den Statuen Brüste verpasst wurden. Als 1833 die Sphinxe enthüllt wurden, gab es einen Skandal. Der Bildhauer hatte die Brüste doppelt so groß gemacht, wie wir sie heute sehen. Er musste sie sofort wieder verhüllen und auf das jetzige Maß verkleinern."

Thomas sah alle Teilnehmer an und versicherte sich, dass er ihre ungeteilte Aufmerksamkeit hatte, dann fort er fort: „Damit ist belegt, dass Palma weltweit die erste Stadt mit einer gelungenen Brustverkleinerung war."

Das quittierende Lachen der Umstehenden zeigte, dass alle den Scherz verstanden hatten. Die ältere Dame neben mir ergänzte sogar: „Ja, und jetzt sind die Brüste in Relation zu den Köpfen der Sphinxe viel zu klein."

Unter allgemeiner Heiterkeit ging es weiter. Als wir an einem besonders beeindruckenden Gebäude vorbeigingen, dem „Gran Hotel", passierte mir ein Malheur. Ich war so gebannt von den schönen Mustern und Ornamenten des Hotels, dass ich doch tatsächlich über einen auf dem Gehsteig stehenden Kübel stolperte und mit vollem Karacho auf den Boden fiel.

Ich hatte mir nichts getan, unangenehm war es dennoch. In diesem Moment war ich eindeutig nicht mehr zu übersehen. Die freundlichen Leute aus der Reisegruppe halfen mir auf und vergewisserten sich, ob es mir gutging. Ich bejahte und tat ganz frech so, als ob ich eine stinknormale Passantin wäre, und nicht etwa eine Schnorrerin, die bereits seit rund zwanzig Minuten hinter der Reisegruppe hergelaufen war. Peinlich, peinlich!

Aber da ich ziemlich resistent gegenüber solchen vermeintlichen Peinlichkeiten bin, machte ich mir keinen großen Kopf. Sofort hängte ich mich wieder an diese geführte Tour, denn ich genoss es, während eines Spaziergangs mehr über die Stadt zu erfahren.

Munter weiter ging es zur Plaça Mercat und ich weiß nicht, ob es nur mein Eindruck war, aber Palma hatte verdammt viele kleine Plätze, die richtig malerisch und alle reich an Geschichte waren. Und ich denke, dass mir dieser Mercat-Platz am besten gefallen hat. Da stehen nämlich zwei Gebäude, die Francesc Roca, ein Schüler des berühmten Gaudí, erbaut hat – und zwar in den Jahren 1910 und 1911. Wenn ich im Nachhinein darüber nachdenke, wie viel ich während dieser Tour gelernt habe, muss ich schmunzeln. Ich höre mich nämlich ein bisschen so an, als ob ich selbst eine Palma-Expertin wäre – aber ich schweife ab. Weiter im Text. Auf dem Mercat-Platz befanden sich auch der Justizpalast und eine markante Statue, die an Herrn Antonio Maura erinnerte. Sein Name war mir bereits bekannt, denn in Sevilla hatte ich als Couchsurfer in einer Wohnung geschlafen, die in der Maura-Straße lag. Nun wusste ich auch, dass Herr Maura einmal spanischer Ministerpräsident gewesen war und aus Palma stammte.

Es ging weiter und wir kamen, wer hätte das gedacht, zu einem weiteren Platz: dem Plaça de Cort. Dort gefiel es mir auch sehr gut. Da ich allerdings ein etwas verträumtes Mädchen bin, das manche schon als tollpatschig bezeichnet haben, passierte mir abermals ein Malheur. Während wir auf die Mitte des Platzes zuliefen und ich aus dem Staunen nicht herauskam, weil dort ein unfassbar imposanter Olivenbaum stand, stolperte ich über einen kleinen Sockel, der den Baum umgrenzte, und wäre beinahe wieder auf die Schnauze gefallen.

Diesmal hatte ich aber Glück im Unglück und der liebe Tourguide fing mich auf. Tja, da war der gute Thomas wohl zur richtigen Zeit am richtigen Ort. Als er mich festhielt und charmant nachfragte, ob alles okay sei, da verlor ich – vollkommen ungewohnt für mich – all meine Coolness. Mir wurde heiß, aber ich bedankte mich nickend und stahl mich wieder in den Hintergrund der Gruppe. Thomas lächelte diese Begebenheit gütig weg und raunte mir, unhörbar für die anderen Teilnehmer zu: „Immer noch so tollpatschig wie früher."

Er hatte mich also erkannt! Ich konnte mein Glück kaum fassen und hörte kaum, was er weitererzählte, nämlich dass dieser Olivenbaum in der Mitte des Platzes schon älter als 1200 Jahre alt sei. *Wow*!

Die Tour ging noch eine Weile weiter, am Königspalast La Almudaina vorbei und bis zur berühmten Kathedrale von Palma. Am Ende konnte ich nicht mehr fokussiert zuhören, weil sich mein Hunger immer deutlicher bemerkbar machte. Ich hatte aber den Eindruck, dass Thomas mehr und mehr zu mir sprach, wenn er seine Erklärungen abgab und vielleicht aus meiner früheren Verliebtheit heraus, folgte ich der Gruppe bis zum Schluss.

Unter freundlichem Applaus beendete Thomas die Tour offiziell. Keiner der Teilnehmer wollte sich verabschieden, alle suchten Thomas' Nähe und hatten noch viele Fragen an ihn.

Alle hatten offensichtlich auch das Bedürfnis, sich mit einem Trinkgeld erkenntlich zu zeigen. Ich konnte beobachten, dass Thomas nach einem Handschlag oft einen Schein, der sich in der Handfläche verborgen haben musste, diskret in seine

Hosentasche beförderte. Wenn man – wie ich in den letzten Wochen – vom Trinkgeld lebt, freut man sich, wenn die eigene Leistung großzügig honoriert wird.

Nachdem sich die Gruppe aufgelöst hatte, war ich fix und fertig. Mir knurrte der Magen ganz doll und ich wollte nichts, außer den nächsten Supermarkt zu finden und irgendetwas zu essen. Es musste nicht einmal mehr gesund sein. Doch dann schlug wieder mal das berüchtigte Backpacker-Glück zu, denn Thomas kam auf mich zu und nahm mich in den Arm. „Was machst du denn hier? Schön, dich zu sehen. Prächtig siehst du aus!"

„Das Kompliment kann ich zurückgeben, aber was machst du denn hier? Ich dachte, du studierst?" Fragend sah ich Thomas an.

„Das tue ich auch, und zwar hier an der Universität von Palma. Nebenbei mache ich Stadtführungen und verdiene mir etwas Geld dazu. Komm, ich lade dich zu mir nach Hause ein, das ist nicht weit entfernt und da erzählst du mir von dir."

Tatsächlich war Thomas' Wohnung nur wenige Schritte entfernt, an einem kleinen Park gelegen, mit traumhaftem Blick auf die Kathedrale.

Er erzählte mir, dass er nun schon eineinhalb Jahre in Palma lebte. Nach dem Abitur hatte er ein halbes Jahr lang eine kleine Weltreise gemacht und war in Asien, Amerika und besonders lange in Südamerika gewesen. Da hatte ihm die spanische Sprache so gut gefallen, dass er sich entschloss, Spanisch zu lernen. So hatte er sich dann nach einer Universität umgesehen, an der er die Sprache lernen konnte, und war in Palma gelandet.

„Deinen Hackfleischbällchen nach zu urteilen, hast du das mediterrane Leben schon richtig inhaliert. Die sind extrem köstlich." Anerkennend schmatzend verspeiste ich schon das sechste Bällchen, ich hatte aber auch einen enormen Hunger. „Danke für das Lob. Sie heißen hier übrigens Albondigas. Ich jobbe hier auch noch in einem Restaurant und da gibt es gelegentlich was mit nach Hause. Ich habe sie also nicht selbst gekocht, nur warm gemacht."

Ehrlich ist er auch noch. Thomas gefiel mir immer besser. „Wie lange bleibst du noch und wo bist du untergekommen?" Nun war mir seine Frage fast unangenehm, aber nachdem ich ihm gebeichtet hatte, dass ich noch einen Schlafplatz benötigte, zögerte er nicht einen Moment und bot mir sein Gästezimmer an. Die Vorhersehung war also wieder einmal mit mir.

Ich bin übrigens am nächsten Tag nicht abgeflogen. Palma war nicht nur der krönende Abschluss meines Backpacking-Sommers, sondern tatsächlich der Anfang einer großen Liebe.

Die Magie des Tramuntana Gebirges

Endlich war es soweit! Mein Mann und ich schafften es aus Deutschland raus und flogen für ein paar Tage auf die Balearen, konkret gesagt nach Mallorca. Dass es überhaupt dazu kam, glich einem Wunder, denn mein Mann ist ein Mensch von der Sorte, die ihr Dorf am liebsten niemals verlassen würde. Ich muss zugeben, dass das nicht sehr verwunderlich ist, weil wir es bei uns, direkt an der Ostsee, auch sehr zauberhaft haben – aber dennoch! Wie kann man immer nur dort sein wollen, wo man gerade ist?

Ein weiteres Wunder ist es wohl, dass mein Mann und ich nach vierundzwanzig Jahren Ehe noch immer verheiratet sind. Wir zwei sind in mancherlei Hinsicht derart verschieden, das gibt es gar nicht – besonders in Hinsicht auf das Reisen. Ich könnte jeden Monat für ein paar Tage wegfahren, denn das Entdecken von neuen Landschaften inspiriert mich. Aber ich beschränke mich auf eine Reise pro halbem Jahr, denn alleine zu reisen macht zwar auch Spaß, kann auf Dauer aber ganz schön einsam sein.

Um uns besser verstehen zu können, ist es wahrscheinlich hilfreich zu wissen, dass wir beide als Maler tätig sind. Mein Mann Adalbert malt ausschließlich realistische Ostsee-Motive. Ich hingegen bilde Fauna und Flora im Stil des Impressionismus ab – allerdings beschränke ich mich dabei auf keine bestimmte Region der Welt, sondern bearbeite gerne Motive aus unterschiedlichen Ländern. Allein deshalb ist das Reisen für mich essentiell, für meinen Mann hingegen gar nicht notwendig.

Nun gut, aber zu dieser einen Reise hatte ich meinen Adalbert also doch überreden können – aber was für ein Kampf das gewesen war! Die Insel Mallorca selbst könnte ihm nicht unwichtiger sein, aber mit dem Tramuntana-Gebirge hatte ich ihn gekriegt. Denn dort hat Frédéric Chopin ein paar Monate gelebt und mein Mann vergöttert diesen polnischen Komponisten – es grenzt fast schon an Obsession. Mir konnte es recht sein. Mir war mittlerweile jedes Mittel recht, um Adalbert aus unserem kleinen, aber feinen Ostseedörfchen zu locken.

Im Nachhinein weiß ich nicht, ob das so eine schlaue Idee von mir war, ihn unbedingt auf eine meiner Reisen mitzunehmen, aber immer hübsch eines nach dem anderen. Das Gezeter meines Mannes fing nämlich schon an, als wir das Haus verließen. Auf dem Weg zum Flughafen lamentierte er darüber, dass er nicht all seine Malsachen mitnehmen, sondern nur einen Skizzenblock und ein paar Farben einpacken konnte. Er fragte mich, was er tun solle, wenn ihm eine gute Idee käme und er keine Leinwand bei sich hätte. Ich wusste nicht, was ich ihm antworten sollte, deshalb schwieg ich. Das ewige Herumnörgeln bin ich von ihm ja gewohnt, aber während dieser Reise übertraf er sich selbst.

Man muss sich das mal klarmachen: Drei Tage und Nächte sollte unsere Reise dauern, dann würden wir ohnehin wieder zurück in unserem kuschligen Heim an der Ostsee sein, aber selbst diese in meinen Augen kurze Zeitspanne machte meinen Mann ganz unruhig. Noch unruhiger als sonst auf jeden Fall, denn Adalbert ist grundsätzlich ein sehr schwieriger Mensch.

Einer von der klischeehaften Künstlersorte – exaltiert, aufbrausend, immer ein bisschen schlecht gelaunt und ein kleines bisschen überheblich.

In Palma gelandet, machten wir uns per Mietwagen sofort auf den Weg ins Tramuntana-Gebirge, denn ich war ausschließlich auf die Berglandschaften aus und mein Mann fieberte ungeduldig auf das Städtchen Valldemossa hin, denn eben dort hatte sich Chopin ein paar Monate lang inspirieren lassen.

Natürlich musste ich den Mietwagen fahren, weil ein Bus meinem Göttergatten zu unbequem war und überhaupt, einem anderen Fahrer traute er nicht. Und er selbst wollte natürlich nicht fahren, weil ihm das zu anstrengend war. Tja, ich muss meinen Adalbert schon sehr lieben, denn er war es mir wert, all die Unannehmlichkeiten in Kauf zu nehmen, nur weil ich ein paar schöne Tage mit ihm verbringen und ihn auf der Reise bei mir haben wollte.

Insgesamt hatten wir drei Stationen geplant, an denen wir je einen Tag und eine Nacht verbringen wollten. Wir hatten uns darauf geeinigt, dass wir zuerst in die Kleinstädte Sóller und Deià fahren würden und zuletzt nach Valldemossa. Während Deià lediglich etwas mehr als 600 Einwohner zählt, sind es in Valldemossa schon etwas mehr als 1500 und in Sóller sogar über 7000. Man sieht also, dass niemand in diese Regionen fährt, um Party oder einen Städtetrip zu machen, sondern eher, um die Ruhe und die Schönheit dieser Insel zu genießen.

Sóller war dezidiert meine Idee gewesen, weil ich von einer Freundin nur Gutes über dieses Städtchen gehört hatte. Es liegt nämlich zwischen dem Meer und den Bergen, somit hat es vom ästhetischen Standpunkt betrachtet alles, was das Herz begehrt. Natürlich zeterte mein Mann auf dem Weg nach Sóller in einer Tour. „Wieso machen wir diese Reise überhaupt?" hier, „Das kostet doch alles nur Geld" da, und „Das alles kann man sich doch auch in Bildbändern ansehen" dort. Manchmal hätte ich ihn am liebsten aus dem Auto geschubst, trotz aller Liebe.

Als wir dann vor Ort waren, schimpfte Adalbert noch ein bisschen weiter, aber da hatte ich schon aufgehört, ihn ernst zu nehmen. Stattdessen sah ich mir die hübschen Straßenbahnen an, die von Zeit zu Zeit über den Platz vor dem Rathaus fuhren.

Und auf diesem Platz begann mit einem Mal Adalberts Veränderung. Ich erinnere mich genau an den Moment, als sich seine Gesichtszüge veränderten. Wie saßen in einem der Cafés auf dem Platz, Adalbert hatte schon lange und intensiv die Fassade der Kirche angesehen, die den Platz schmückte. Diese Fassade passte so gar nicht zu dem Kirchenbau, der ansonsten vollständig im barocken Stil errichtet war.

Adalbert war vollkommen versunken in der Betrachtung des Portals und so hatte auch ich Gelegenheit, mir die Besonderheit des Baustiles anzusehen.

Ich erkannte sehr viele Renaissance- und Jugendstil-Elemente, aber auch die Gotik schien Eingang in diesen Stil gefunden zu haben.

„Gaudí" hatte ich eigentlich unbewusst formuliert, hatte es aber scheinbar auch ausgesprochen, denn mein Mann schüttelte den Kopf und kommentierte: „Der hat außerhalb von Palma nichts gemacht." Ich wollte mich schon aufregen, weil er das so sicher gar nicht wissen konnte, aber irgendetwas ließ mich zögern.

„Gaudí war zehn Jahre auf Mallorca, aber er hat mit einer einzigen Ausnahme nur in der Kathedrale von Palma gearbeitet. Diese Ausnahme findet sich auch hier im Tramuntana-Gebirge, aber weiter nördlich, im Kloster Santuari de Santa Maria de Lluc. Ich bin mir ziemlich sicher, das hat einer seiner Schüler gebaut. Kannst du das nicht einmal in deinem Telefon suchen?"

Es widerstrebte mir zwar, dass ich ihm half, Recht zu haben, aber schon nach der Eingabe bei Wikipedia „Kirche Sóller" erschien als Vorschlag „St. Bartholomä" und im Artikel wurde explizit als Architekt der Fassade Joan Rubió genannt, und mit dem Zusatz „ein Schüler Gaudís" beschrieben. Manchmal schafft es Adalbert doch noch, mich zu beeindrucken.

Urplötzlich stand er nun auf und sah hilflos in Richtung der Häuserreihe hinter dem Platz. „Welches ist denn unser Café?" Tatsächlich reihte sich ein Lokaleingang neben den anderen, so dass ich mich selbst erst einmal orientieren musste.

„Hier auf der Serviette steht *Sa Negra*, es ist also der Eingang unter dem Jugendstil-Balkon."

Adalbert machte sich wortlos auf den Weg und nun fiel mir ein, dass die Fassade des Herrn Rubió sehr stark dem Jugendstil glich, der sich in Spanien verselbständigt und weiterentwickelt hatte und hier Modernisme hieß.

Bei näherer Betrachtung fielen mir sehr viele faszinierende Details in der Ornamentik auf, die um die imposante Fensterrose im Zentrum angebracht waren. Das waren wahrhaft mystische Zeichen.

Fluchend und polternd kam Adalbert von seinem Toilettengang zurück. „Ignoranten, Idioten, Stümper!" Mehrfach drehte er sich in Richtung des Lokals und hob sogar die Faust. Wütend kam er zurück. „Was ist denn los?", fragte ich beschwichtigend.

„Als ich in die Toilette trat, ging das Licht automatisch an. Gut, dachte ich, dann muss ich den Schalter nicht suchen. Als ich nun am Becken stand, mein Geschäft verrichtend, ging plötzlich das Licht aus. Ich bin erst erschrocken, dann fiel mir ein, dass es ja ein Bewegungsmelder sein musste und ich begann mit den Armen zu fuchteln. Dabei hätte ich mich fast selbst angepinkelt. Und das blöde Licht wollte absolut nicht angehen. Erst als ich fertig war und zum Waschbecken trat, ist es wieder angegangen. Wie kann man das so kurz und idiotisch einstellen?

Das habe ich dann dem Mann hinter der Bar erzählt, der hat mich aber nur mit großen Augen angesehen und mit der Schulter gezuckt!"

Ich musste schmunzeln. Augenscheinlich hatte mein Mann sich nicht benässt, seine Hose sah so tadellos aus wie vor dem Toilettengang. „Vielleicht hat er dich nicht verstanden, weil du deutsch gesprochen hast und der junge Mann Spanier ist?" „Das ist mir egal, wenn er schon kein Deutsch kann, dann soll er wenigstens seine Beleuchtung in der Toilette richtig einstellen." Adalbert grummelte vor sich hin.

Um ihn aufzuheitern, lud ich ihn auf eine Fahrt mit der historischen Straßenbahn ein und war erstaunt, dass er sofort zustimmte. Irgendetwas schien sich bei ihm zu ändern.

Die Fahrt lohnte sich trotz des hohen Ticketpreises in zweifacher Hinsicht. Die Strecke führte an hübschen Gärten mit Orangen- und Zitronenbäumen vorbei und letztlich an der eindrucksvollen Hafenpromenade von Port de Sóller entlang. Ein toller Anblick!

Im Hafen angekommen, stellten wir fest, dass wir sehr hungrig waren. Und als wir uns in ein Restaurant an der Hafenpromenade setzten und vorzügliche Tapas aßen, da verstummte dieser Griesgram von Ehemann sogar und fing an, Skizzen in seinen Block zu kritzeln. *Geht doch*, dachte ich und fing ebenfalls an, meinen Eindruck vom Hafen zeichnerisch festzuhalten.

Am kommenden Tag ging es gleich in der Früh weiter, nämlich

mit einer kurzen Fahrt nach Deià. Da wollten wir ausnahmsweise beide hin, weil es sich bei diesem Ort um ein berühmtes Künstlerdorf handelt. Schon Anfang des zwanzigsten Jahrhunderts war dieses malerische Dorf zu einem Zufluchtsort für Künstler aller Art avanciert. Schauspieler, Schriftsteller, Maler und Musiker, alle Kunstrichtungen waren damals dort vertreten. Mann, das mussten großartige Zeiten gewesen sein, als Picasso, Andrew Lloyd Webber, Mati Klarwein, Peter Ustinov und viele, viele mehr dort vermutlich, zumindest teilweise miteinander verkehrten, gemeinsam Wein am Strand tranken und fischten, sich künstlerisch austauschten und gegenseitig inspirierten.

In Deià hatte eine Zeit lang auch Robert von Ranke-Graves gelebt, der Autor von Büchern wie zum Beispiel „Ich, Claudius, Kaiser und Gott". Robert hatte dort sogar ganz schön lange gelebt, im Unterschied zu den meisten anderen Künstlern, die meistens nur für eine gewisse Zeit vorbeisahen. Und da Herr von Ranke-Graves einer der Lieblingsautoren von mir und meinem Mann ist, waren wir natürlich ziemlich begeistert, auf den gleichen Straßen zu flanieren, auf denen auch er immer unterwegs gewesen war.

Auf dem Weg dorthin merkte ich, dass Adalbert schon deutlich weniger als am Vortag nörgelte. Er tat es zwar nach wie vor, aber ihm ging schon die Puste aus. Und ich ertappte ihn immer wieder dabei, wie er gedankenverloren die malerische Landschaft betrachtete, durch die wir fuhren.

Wir hatten in Deía ziemliche Schwierigkeiten, einen Parkplatz zu finden. Obwohl keine Hauptsaison war, waren die wenigen zur Verfügung stehenden Parkplätze alle belegt. Ich erinnerte mich aber, dass ich beim Vorbeifahren am Haus von Robert von Ranke-Graves freie Plätze gesehen hatte. Also beschloss ich, dorthin zurückzufahren, als Adalbert wild zu fuchteln begann. „Hier rechts rein, rechts rein!" Aufgeregt deutete er auf eine noble Einfahrt. Ich stoppte den Wagen, obwohl es hinter mir auch schon ärgerlich hupte. „Nicht anhalten, reinfahren!", blaffte Adalbert mich an. Erst jetzt sah ich, dass es sich um die Einfahrt eines Hotels handelte. „Belmond La Residencia" stand da in großen Lettern an der Mauer.

„Das ist ein Hotel, da können nur Gäste hineinfahren", beschied ich ihm, nun vor der Einfahrt des Hotels stehend. „Dann trinken wir halt einen Kaffee. Hier im Hotel hat ein Maler namens Alain Hydes sein Atelier. Du erinnerst dich sicher, dass unser Freund Uwe von ihm erzählt hat. Lass uns nachsehen, ob er da ist."

Ich empfand die Idee zwar als ein bisschen blödsinnig, aber gegen eine gute Tasse Kaffee hatte ich nichts einzuwenden.

Am Ende der Einfahrt stand ein livrierter Hotelmitarbeiter, der mir, unmittelbar nachdem ich angehalten hatte, half, die Autotür zu öffnen. Danach hieß er uns herzlich willkommen. Er fragte nach unserem Gepäck, aber Adalbert hatte ihm schon in seiner unnachahmlichen Art zugerufen: „Wir wollen nur den Maler besuchen."

Der Mitarbeiter sah mich fragend an. Er schien nicht verstanden zu haben, also erklärte ich ihm auf Englisch, dass wir nur eine Tasse Kaffee trinken wollten.

„Ah, gar kein Problem", erwiderte dieser. „Allerdings ist unser Gästeparkplatz am Ende der Straße. Da wir heute keine Anreisen mehr erwarten, dürfen Sie hier stehenbleiben. Ich bitte Sie nur, dass Sie mir die Autoschlüssel aushändigen. Falls doch noch ein anderes Fahrzeug käme, könnte ich Ihren Wagen rangieren."

Ich war sehr froh, dass ich den Gästeparkplatz nicht suchen musste, denn Adalbert war unruhig wie ein kleines Kind. Er hatte vor einer kleinen Hecke haltgemacht, deutete immer wieder vor sich hinunter und rief: „Miro, Miro!"

Ich dachte zwar, Miro sei schon 1983 gestorben, war aber doch neugierig geworden, auf wen Adalbert da so aufgeregt zeigte. Hastig übergab ich dem freundlichen Hotelmitarbeiter die Autoschlüssel.

Tatsächlich deutete Adalbert aber gar nicht auf eine Person, sondern auf eine Skulptur, die unten im Park zu sehen war. Tatsächlich ein originaler Miro! Kein Wunder, dass Adalbert so aufgeregt war.

Es kam aber noch besser. Kaum hatten wir ein paar Schritte in Richtung Terrasse gemacht, konnten wir in einen der Räume sehen und entdeckten eine große Anzahl von Miro-Bildern, die den Raum schmückten. „Café Miro" konnte ich dann auch an der Tür lesen. Hier war Adalbert richtig. Er hätte sich zwar niemals ein Bild von Miro aufgehängt, aber er bewunderte diesen berühmten Kollegen enorm. Ich erinnerte mich, dass dies schon zu Studienzeiten so war.

Ich selbst hatte nie so den Zugang zu seinen Werken gefunden. Als ich nun sah, wie lange Adalbert schon vor dem ersten Bild ausharrte, wurde mir klar, dass ich lieber in Ruhe einen Kaffee nehmen und mich an dem wunderbaren Blick über die Berge und auf das malerische Dorf erfreuen wollte.

Ein sehr sympathischer Kellner brachte mir auch bereits die Karte. Bei deren Lektüre musste ich schlucken. Der Preis für einen Kaffee war nicht annähernd vergleichbar mit den Preisen auf dem Kirchplatz in Sóller. Dafür waren aber auch das Umfeld, der Service und der Ausblick nicht vergleichbar.

Ich bestellte mir einen Kaffee „con leche" und nahm meinen Skizzenblock heraus. Die Schönheit und Arithmetik der Häuser, die sich um den Hügel nach oben zogen, und von einer hübschen Kirche auf der Spitze des Hügels gekrönt wurden, das beeindruckte mich sehr.

Ich war so versunken in meine Zeichnung, dass ich nicht bemerkte, dass jemand hinter mich getreten war. Als ich mich nun aufrichtete, erschrak ich ein wenig, denn direkt hinter mir stand ein Mann mit buschigem Bart, Sonnenbrille und einer Baseballmütze. Sein Gesicht war überhaupt nicht zu erkennen, was wohl zu meinem Erschrecken beigetragen hatte. „Nice", hörte ich ihn sagen, während er mit dem linken Zeigefinger auf meine Skizze deutete und den rechten Daumen nach oben hob.

Typisch Amerikaner, dachte ich, da war er aber auch schon weitergegangen und im hinteren Bereich der Terrasse verschwunden.

Dafür war Adalbert aufgetaucht, glückselig lächelnd, wie ich ihn schon lange nicht mehr gesehen hatte. Als er sich neben mich setzte, deutete er auf meine Tasse. Der freundliche Kellner hatte auch noch Pralinés und Fruchtgelees daneben gestellt, was in meinen Augen den Preis für den Kaffee total rechtfertigte. „Das will ich auch!", verlangte mein Göttergatte.

Gut, dachte ich, *dann schaut er wenigstens nicht in die Karte und mosert über die Preise. Zu dem Kaffee lade ich ihn gerne ein und erspare mir dadurch den Vortrag von ihm, dass alles zu teuer sei.*

Während die Bedienung das gleiche Arrangement mit Kaffee, heißer Milch in einem Kännchen, Zucker, Geleefrüchten und Pralinés vor Adalbert aufbaute, fragte er sie auf Deutsch: „Wo hat denn der Maler sein Atelier?"

Ich sah die Unsicherheit in ihrem Gesichtsausdruck und wiederholte die Frage auf Englisch. Nun lächelte die Frau und zeigte in den hinteren Bereich der Terrasse, dahin, wo vor wenigen Augenblicken der Amerikaner verschwunden war.

Adalbert stand unmittelbar danach auf, so dass ich mich bemüßigt sah, einen kleinen Seitenhieb abzugeben: „Früher mochtest du deinen Kaffee heiß." Kommentarlos setzte er sich wieder und begann, Zucker und Milch in seinen Kaffee zu geben.

Er wird immer verschrobener, ging es mir durch den Kopf, dann erinnerte ich mich aber, dass er schon immer so war und ich ihn eigentlich auch deshalb liebte.

„Fertig." Freudig wie ein kleiner Junge, der seinen Spinat aufgegessen hatte, sah Adalbert mich an und fragte: „Kommst du mit zum Atelier? Er erwartete, wie immer, gar keine Antwort, sondern lief bereits in die Richtung, die ihm die Bedienung vor ein paar Momenten angezeigt hatte.

Ich machte in Richtung Kellnerin ein Zeichen, dass ich bezahlen wollte, sie erwiderte mir jedoch, dass ich dies auch noch später erledigen könnte, auf dem Rückweg vom Atelier.

Das sind wahre Gastgeber, ging es mir durch den Kopf. Dann musste ich mich aber beeilen, um zu Adalbert aufzuschließen.

Der war schon fast am Atelier angekommen, als die Tür aufging und der Barträger, immer noch mit Baseballmütze auf dem Kopf und Sonnenbrille im Gesicht, heraustrat.

Er hatte offensichtlich ein Bild gekauft, welches er in Packpapier eingepackt unter den rechten Arm geklemmt hatte. Adalbert war stehengeblieben, musterte den Mann, sah auf das eingepackte Bild und zurück zu dem Mann. Unvermittelt klopfte Adalbert ihm auf die Schulter und sagte: „Gut gemacht! Das freut ein Malerherz, wenn seine Kunstwerke auch gekauft werden."

Der Amerikaner hatte mit Sicherheit nichts verstanden, hob aber erneut seinen Daumen, klopfte leicht auf die Schulter meines

Mannes, sagte so etwas wie „Great!" und ging über die Terrasse zurück.

Zwischenzeitlich war der Maler Alain Hydes im Türrahmen aufgetaucht und sah belustigt nach draußen.

Adalbert ging mit großer Geste auf ihn zu und hielt beide Hände ausladend nach vorne gestreckt.

„Lieber Kollege, schön, dass wir uns kennenlernen!" Adalbert ergriff die Hände des Malers und drückte sie fest. Herr Hydes war offensichtlich der deutschen Sprache mächtig, denn er erwiderte herzlich: „Es ist mir ein Vergnügen."

Ganz Gentleman schob der Maler meinen Mann mit einer leichten Bewegung ins Atelier und wandte sich dann mir zu, um auch mich freundlich zu begrüßen. „Kommen Sie herein, ich freue mich, Sie kennenzulernen."

Das Atelier war beeindruckend, schön hell und gemütlich. Eine Palette voll mit Farben stand neben einer Staffelei mit einem halb fertiggestellten Bild. An den Wänden hingen viele fertige Bilder in den verschiedensten Stilrichtungen. Landschaftsbilder, Porträts, Stillleben, abstrakte Figuren und Formen. Es war ein Fest, nicht nur für unsere geschulten Augen.

Alain stellte sich als ein großartiger Unterhalter heraus. Er war witzig, intelligent und warmherzig. Wir genossen die Zeit mit diesem wunderbaren Kollegen sehr.

Als wir uns nach mehr als einer Stunde verabschiedeten, kam es uns vor, als ob wir uns schon ewig kennen würden. Und wir hatten vereinbart, dass Alain uns in Deutschland besuchen würde.

Adalbert war bester Laune, so ausgelassen hatte ich ihn schon ewig nicht mehr erlebt.
Mallorca macht was mit uns Menschen, wurde mir klar.

Am folgenden Tag traten wir dann die letzte Etappe unseres Kurzurlaubs an. Es ging in Richtung Valldemossa. Wieder fuhr ich und Adalbert machte es sich auf dem Beifahrersitz gemütlich. Diesmal hörte ich kaum noch einen Mucks von ihm und als er während der Fahrt sogar anbot, dass er eine Weile fahren konnte, damit ich mich ausruhen konnte, war ich ganz baff. Was war nur mit meinem Mann passiert und wer war der Kerl neben mir!? Trotz meiner Verwunderung nahm ich sein Angebot dankend an und genoss die schönen Gebirgszüge, an denen wir vorbeifuhren.

In Valldemossa checkten wir in unserer Bleibe für die kommende Nacht ein und gingen danach sofort zu dem Gebäude, in dem Chopin gelebt hatte – es handelte sich um ein Kartäuserkloster. Ich hätte mich gerne noch eine Weile ausgeruht, aber Adalbert war plötzlich voller Energie. Und zu nörgeln hatte er an diesem Tag scheinbar auch nichts, denn er freute sich wie ein kleines Kind, die Räumlichkeiten und Reliquien seines liebsten Komponisten zu betrachten. Genau das taten wir dann auch. „Selbst wenn Chopin nur rund vier Monate hier gelebt hat, weil er aufgrund seiner fortschreitenden Tuberkulose wieder zurück nach Frankreich wollte", sagte ich begeistert.

„Man kann seine Präsenz noch förmlich spüren." Adalbert nickte nur, er wirkte zu ergriffen, um etwas antworten zu können.

Nach diesem Besuch, über den Adalbert noch den ganzen Tag sprach, spazierten wir durch das malerische Ortszentrum.

Adalbert war wieder zu einem Kind geworden, welches überwältigt ist von den vielen Eindrücken, die es kaum verarbeiten kann. An jedem Hauseingang zeigte er aufgeregt auf die dort angebrachten Kacheln, die alle Szenen aus dem Leben der Heiligen Catalina zeigten.

„Hast du gesehen? Keine Kachel gleicht der anderen, alle sind sie verschieden." Nun fiel es auch mir auf. Sie unterschieden sich nicht nur in der Darstellung der Lebensszenen, sondern sie hatten zudem unterschiedliche Farben, Formen und Größen. Welch Kleinode sich dort an jedem Haus präsentierten!

Irgendwie ließen wir uns mit den anderen Besuchern mitziehen und standen plötzlich in einer aus Buchshecken angelegten Gartenanlage. Zunächst erschienen uns die Wege labyrinthartig, dann erschloss sich uns die Systematik und wir wurden in angenehmer Weise durch den Park geleitet.

Über uns war nun die Dorfkirche schön zu sehen mit den auffällig bunten Ziegeln und dem fehlenden zweiten Turm. Ich hatte nur einen Moment nicht aufgepasst und als ich mich nun umsah, war Adalbert verschwunden. Es dauerte jedoch nicht lange, bis ich ihn gefunden hatte. Er saß auf einer der Parkbänke und hatte seinen Skizzenblock auf den Knien. Er wirkte ganz eins mit der Umgebung und dem Moment.

Zuhause habe ich ihn noch nie so gesehen. Diese Insel hat wirklich Magie! Was war ich glücklich, Adalbert zu der Reise überredet zu haben.

Für das letzte Abendessen vor unserer Abreise hatte uns unser neuer Freund Alain noch einen Tipp gegeben. Wir sollten in keinem Fall abreisen, ohne vorher in der Bucht von Deía, der Cala Deía, im Restaurant Ca's Patro March gegessen zu haben. Besseren Fisch, so hatte er gemeint, würden wir nirgendwo auf der Insel finden.

Adalbert hatte sich wieder auf den Fahrersitz geschwungen, mir war dabei aber ein wenig mulmig zumute. Seit der Abzweigung bei Deía hatten wir gefühlt schon über hundert Serpentinen hinter uns gebracht, und noch war kein Ende in Sicht. Adalbert, dessen Laune sich seit dem gestrigen Nachmittag in mir bislang unbekannten Höhen bewegte, hatte aber offensichtlich Spaß am Fahren. Wie bei einem Motorrad legte er sich mit in die Kurven und fuhr in weiten Bögen die Serpentinen aus. Gut, dass uns niemand entgegenkam. Die Straße war eigentlich schon fast zu schmal für ein Auto.

Nun kamen die ersten Parkplätze am Rand der Straße in Sicht und ich bedeutete Adalbert, dass er möglichst den ersten freien Platz ansteuern sollte. Er winkte ab. „Habe keine Lust zu laufen, ich fahre mal nach ganz vorne durch."

„Ab hier nur noch für Anwohner." Ich zeigte auf das Schild, vor dem wir nach ein paar Metern standen. Im gleichen Moment zog Adalbert den Mietwagen nach rechts in die einzige freie Parklücke, die ich auf der ganzen Strecke gesehen hatte.

Mein Mann trumpfte auf. „Ich habe es dir ja gesagt, ganz vorne gibt es noch Platz." Vor zwei Tagen hätte er während der ganzen Fahrt nur gemosert und jetzt machte er auf Lebemann. *Unglaublich, was diese Insel vermag.*

Alain hatte Recht. Das Restaurant war schon von der Lage her eine Augenweide. In der kleinen Bucht war es direkt am Felsen errichtet, so dass die Gastflächen wie Balkone über dem Wasser schwebten. Näher konnte man dem Meer nicht sein.
Nach ein paar sehr schmalen und steilen Treppen waren wir offensichtlich am Eingang des Restaurants angekommen. Eine kleine Schlange hatte sich dort gebildet.

„Haben Sie eine Reservierung? Dann können Sie vorbeigehen", teilte uns der junge Mann in der Schlange direkt vor uns mit.

„Haben wir leider nicht. Wie lange ist denn die Wartezeit?", wollte ich wissen. „So eine halbe Stunde, hat man uns gesagt.

Gehen Sie aber vor zum Empfangsschalter und melden Sie sich an, dann ruft ein Kellner Sie aus, wenn Ihr Tisch frei geworden ist."

Ich bat Adalbert, zu warten und machte mich auf den Weg. Vorne angekommen ließ ich uns eintragen und es gab gute Nachrichten. Zwei Tische hatten bereits bezahlt, so dass die Wartezeit wohl nur etwa 20 Minuten betragen würde.

Zurück am Ende der Warteschlange war kein Zeichen von meinem Ehegatten zu sehen, aber der freundliche junge Mann vor uns hatte zum Glück aufgepasst. „Er ist runter zum Wasser gegangen." Er deutete zur Bucht.

Adalbert stand versunken am Rande des Meeres. Er bemerkte meine Ankunft zunächst gar nicht. Sein Blick war weit über das Meer zum Horizont gerichtet.

Ich erschrak ein wenig, als er sich unvermittelt zur mir wandte und bemerkte: „Wenn ich so über das Meer sehe, dann fällt mir der Film ‚Titanic' ein. Und besonders, wie der junge Mann von gestern mit der schönen Kate vorne am Bug des Schiffes steht und sie gemeinsam die Unendlichkeit spüren."

Verwirrt sah ich meinen Mann an. „Welcher junge Mann denn?" „Na, der Amerikaner, der das Bild gekauft hat. Der stand mit Kate Winslet vorne auf der Titanic."

Nun fiel es mir wie Schuppen von den Augen. Der alte Griesgram hatte Recht! Unglaublich, wir hatten Leonardo di Caprio getroffen und mein Mann hatte ihn sogar gleich erkannt! Er schaffte es doch noch, mich ein weiteres Mal zu beeindrucken. Beim Abendessen skizzierten wir jeder für uns in unseren

Büchern und ich sah, dass Adalbert die Jacht, die in der Bucht lag, mit zwei Menschen vorne am Bug malte. *Kindskopf*, musste ich in mich hineinlachen.

Es war eine herrliche Zeit, und wer hätte das gedacht, keiner von uns zeterte, meckerte oder beschwerte sich über irgendwelche Unannehmlichkeiten. Ganz im Gegenteil, Adalbert ging sogar so weit aus sich heraus, dass er sich bei mir bedankte, weil ich ihn auf diese Reise mitgenommen hatte. Er überlegte sogar, ob er das nächste Mal auch wieder mitkommen würde.

Na, wenn er sich weiterhin so brav verhält, dann werde ich ihn vielleicht tatsächlich wieder mitnehmen. Natürlich nur, wenn es wieder nach Mallorca geht.

Metamorphose auf Mallorca

Manche Geschichten fangen lustig an und hören traurig auf. Andere bleiben die ganze Zeit über lustig. Wieder andere fangen traurig an und hören hoffnungsvoll auf. Genau so eine Geschichte möchte ich jetzt erzählen.

Das Leben verläuft häufig anders, als man es geplant hat. Jeder kennt das aus seinem eigenen Leben – Schicksalsschläge sind nun mal ein Teil unserer Reise auf der Erde. Es ist gut zu wissen, dass solche Krisen zwar hart sind, aber stets überwunden werden können.

Die Akzeptanz von Schicksalsschlägen ist grundlegend, damit man nicht an ihnen kaputtgeht, sondern – und das ist sehr wohl möglich – sogar stärker aus diesen Lebensphasen hervorgeht.

Vor zwei Monaten hat mich meine Ehefrau wegen eines anderen Mannes verlassen. Das hat ganz schön wehgetan. Natürlich ist, wenn so etwas passiert, nie nur eine Seite schuld, aber der Verlassene hat tendenziell etwas mehr an so einer Situation zu knabbern. Das Selbstbewusstsein leidet, man macht sich Vorwürfe, ob man nicht etwas hätte besser machen können, man liebt einen Menschen, der einen nicht mehr zurück liebt und so weiter. Liebeskummer kennt jeder und somit ist es kein Geheimnis, das sich dieser besch... anfühlt!

Nun, was macht man aber, wenn so etwas passiert? Da ich mich schon seit längerer Zeit mit gesunder Lebensführung beschäftige, wusste ich mehr oder weniger vom ersten Tag an, was ich zu tun hatte, um nicht in Depressionen zu verfallen oder so etwas in der Art. Leicht war es trotzdem nicht, aber ich bemühte mich, trotz allen Schmerzes ein funktionierender Teil der Gesellschaft zu bleiben. Schnell merkte ich aber, dass ich nicht mehr zu 100 Prozent arbeitsfähig war, also nahm ich mir ein bisschen Urlaub von meiner Selbständigkeit. Als freiberuflicher Programmierer konnte ich ohnehin arbeiten, wann und wo ich wollte.

In unserem gemeinsamen Zuhause in Düsseldorf, wo noch so viele Sachen herumlagen, die mich an sie erinnerten, hielt ich es nicht aus. An manchen Tagen war ich wütend und voller Vorwürfe an meine Ehefrau, an anderen verzweifelt und den Tränen nah. Ich beschloss also, mein Umfeld radikal zu verändern, bis ich über den ersten Schock hinweg war und meinem künftigen Leben gefestigter entgegentreten konnte.

Am Abend, zwei Tage nach dem Tag X, trank ich ein bisschen zu viel Rotwein und surfte im Internet. Ich überlegte, wo ich hinkonnte, wo ich mich wohlfühlen würde und wo ich die kommende Zeit am heilsamsten verbringen konnte. Ich überlegte, irgendeinen Freund oder eine Freundin zu besuchen, die ich während der vergangenen Jahre alle ein bisschen vernachlässigt hatte. Ich hatte diverse Anlaufstellen zur Auswahl: Mailand, Paris, Berlin … aber irgendwie zog es mich am stärksten nach Spanien. Es war Ende Oktober, wir in Düsseldorf hatten gerade mal fünf Grad und da klangen die rund 20 Grad auf Mallorca, wo eine alte Schulfreundin von mir wohnte, überaus verlockend.

Ich überlegte gar nicht lange und kaufte ein Ticket, allerdings nur den Hinflug. Ich wusste ja nicht, wann es mir wieder besser gehen würde. Schon am nächsten Morgen flog ich nach Palma, die Hauptstadt der Balearen. Besagte Freundin holte mich mit ihrem Auto ab und nahm mich mit in den Norden der Insel, wo sie mit ihrem Mann und ihren zwei bezaubernden Kindern ein Haus hatte. Und was für eins!

Ihr Haus stand in Pollença, einer Kleinstadt, die am Fuße des Kalvarienberges liegt. Es war ein idyllischer Ort, so wie die gesamte Region rundherum ebenfalls malerisch war. Das Meer befand sich ganz nahe und Berge gab es, soweit das Auge reichte. Die altertümlichen Steinhäuser, die Zypressen, die warme Sonne, die herumschleichenden kleinen Eidechsen, der Geruch von Pinien – die Schönheit von alledem, besser gesagt der Charme davon, übermannte mich.

Als wir bei ihrem Haus ankamen, nahm ihr sympathischer Mann mich in den Arm und zeigte volles Verständnis für meine Situation. Er schlug mir vor, dass wir abends mal bei einer Flasche Rotwein über all das, was bei mir passiert war, quatschen könnten und das schätzte ich sehr. Als die beiden Mädchen aus dem Haus gelaufen kamen, um ihre Mama zu begrüßen, ging mir das Herz auf – derart süß waren die beiden.

Ich durfte im kleinen Gästezimmer ihres mediterranen, rustikalen Einfamilienhauses übernachten, und zwar so lange ich wollte, versicherten sie mir. Sie meinten das ganz bestimmt ernst, aber ich nahm mir vor, möglichst schnell wieder auf die Beine zu kommen, um ihnen nicht zu lange zur Last zu fallen.

Meistens machte ich mich auf eigene Faust auf, Pollença und Umgebung zu erkunden. Ich verbrachte viel Zeit am Meer, wo es traumhafte Buchten und Strände gab, sowie in den umliegenden Wäldern. Auch die vielen Wanderungen über die Hügel der Region taten mir gut, zumindest in der Hinsicht, dass ich viel frische Luft und Sonne abbekam – das konnte nie schaden.

Natürlich ging es mir nicht von heute auf morgen besser. Wenn ich ehrlich sein soll, waren die ersten beiden Wochen sehr schwer, doch dann begannen meine psychohygienischen Schutzmechanismen langsam zu greifen.

Ich hatte in der Vergangenheit wenig Sport zu betrieben, mein Alkoholkonsum lag sicher über dem Durchschnitt der Bevölkerung und mit der ausgewogenen Ernährung nahm ich es auch nicht so genau. Nudeln mit Sauce, Steaks und Pizzas stillten meinen Hunger in vortrefflicher Weise.

Beim Bummeln durch die historische Altstadt von Pollença war ich schon zweimal am Fuße der Treppe vorbeigekommen, die in 365 Stufen hoch zum Kalvarienberg führte.

Aus einem Impuls heraus, begann ich die Stufen nach oben zu steigen. Mit jedem Schritt merkte ich, dass in mir etwas passierte. Das Gefühl war noch recht diffus, aber durchaus angenehm.

Die kleine Kapelle oberhalb der Treppe hatte ich bereits seit Langem im Blick, als ich nun aber direkt davorstand, entdeckte ich, dass sie eine besondere Ästhetik hatte, eine Ausstrahlung, die mich magisch hineinzog.

Die Symbole der Kreuzritter im Innenraum wiesen auf die Erbauer hin und auf eine lange Geschichte. Ich nahm mir vor, diese nach Rückkehr ins Haus meiner Freunde gleich nachzulesen. Erst einmal erfasste mich jedoch eine tiefe Ruhe. Ich saß in der ersten Bankreihe und war doch nicht anwesend. Meine Gedanken waren keine Fetzen, sondern eher Ketten, nein Züge, lange Züge, aber ich war nicht darin. Ich stand oben auf einer Brücke und sah diese Züge unten fahren. Ich fühlte mich gut, richtig gut. Eins mit dem Moment, eins mit der Welt und eins mit dem gesamten Universum.

Ich weiß nicht, wie lange ich so dasaß. Als ich mein Umfeld wieder bewusst wahrnahm, war ich allein in der Kapelle. Obwohl viele Touristen vorher mit mir die Treppe bestiegen hatten, hatte ich den Eindruck, die ganze Zeit allein gewesen zu sein.

Noch ein wenig in Trance trat ich aus der Pforte und blickte in gleißendes Sonnenlicht. *Ein Schweinwerfer, der sich auf mich richtet,* durchzuckte es mich.

Als die Uhr an meinem Handgelenk surrte, erschrak ich mächtig, so weit war ich von den Dingen des Alltags weg gewesen. Die Nachricht auf dem Display war traurig. Es handelte sich um eine Eilmeldung in den sozialen Medien: Kirk Douglas war gestorben. Nun waren wir uns zwar nie begegnet, aber ich mochte seine Filme sehr. In meiner Jugend hatten sie mich schwer beeindruckt. Seine Rolle als Vincent van Gogh hatte sogar dazu geführt, dass ich als Jugendlicher zuallererst nach Frankreich reiste, bevor es mich in andere Länder zog. Dankbar widmete ich diesem großen Star ein paar ehrende Gedanken, als es mich wie ein Stich durchfuhr. „Da ist eine Botschaft für alle von uns", hatte Kirk Douglas in seiner Biografie geschrieben, erinnerte ich mich urplötzlich.

Das ist ein Zeichen, war ich mir nun sicher. Denn ich hatte die Biografie schon vor mehr als 15 Jahren gelesen, aber dieses Zitat hatte ich mir scheinbar gemerkt und durch die Nachricht von seinem Tod wurde ich daran erinnert.

Eine Gänsehaut zog sich über meinen ganzen Körper und wie elektrisiert begann ich den Abstieg.

Von nun an machte ich es mir zum täglichen Ritual, die 365 Stufen nach oben zu steigen. Dabei versuchte ich, mir die einzelnen Tage, die ich im letzten Jahr erlebt hatte, in Erinnerung zu rufen und mir bewusst zu machen, wie ich bisher gelebt hatte und wie ich zukünftig leben wollte.

Bei der anschließenden Meditation in der Kapelle konnte ich zwar nie an den besonderen Moment der Innigkeit anknüpfen, den ich bei meinem ersten Besuch gespürt hatte, aber das war auch nicht notwendig. Die Initialzündung hatte funktioniert und ich wusste, wie tief ich mit dem Universum verbunden bin.

Und ich hatte die Botschaft verstanden, ich musste mich mit dem Geschehenen aktiv auseinandersetzen. Männer tendieren ja bei solchen Situationen dazu, den Schicksalsschlag zu verdrängen, doch früher oder später holt er sie dann doch wieder ein.

Ich hatte mir in einem kleinen Schreibwarenladen in Pollença, unweit des Museums Martí Vicenç, ein kleines schwarzes Büchlein gekauft. Jeden Tag schrieb ich hinein, wie es mir ging und weshalb ich dachte, dass passiert war, was passiert war. Zusätzlich zwang ich mich, jeden Abend mindestens fünf Dinge in dieses Büchlein zu schreiben, die an diesem Tag toll gewesen waren – eine Technik, die ich aus dem Internet kannte und die offensichtlich sehr gut für das psychische Wohlbefinden sein sollte.

Wenn ich mir im Nachhinein durchlese, was ich in dieses Buch geschrieben habe, ist es interessant, die Entwicklung der Genesung meines Liebeskummers zu beobachten und nachzuvollziehen. In Pollença, während ich bei meiner Freundin wohnte, war ich anfänglich vor allem wütend und verwirrt gewesen. Die ganze Zeit hatte ich meine Ehefrau beschuldigt, dass sie unwillig gewesen wäre, um weiterhin an unserer Beziehung zu arbeiten.

Nach rund zwei Wochen verließ ich Pollença. Ich bedankte mich herzlich bei meinen lieben Freunden, die mir während meiner schlimmsten Zeit zur Seite gestanden hatten, und machte mich auf, ein weiteres Örtchen zu erkunden – diesmal würde ich aber komplett alleine sein, denn ich spürte, dass ich das brauchte. Ich entschloss mich, Alcúdia zu besuchen, denn die Bucht von Alcúdia bietet nicht nur atemberaubend schöne Strände, sondern ist als eine der schönsten Buchten Mallorcas bekannt. Und ich wollte nichts anderes, als eine wundervolle Umgebung um mich herum, weil ich dachte, dass mich das aufheitern würde. So sollte es dann auch kommen.

Vor allem der historische Stadtkern von Alcúdia, welcher sich auf einem Hügel zwischen der Bucht von Alcúdia und der Bucht von Port de Pollença befindet, hatte es mir angetan. Die kleinen Kirchen und Klöster, die Museen und die sonstigen Bauwerke, wie der hübsche Turm des Rathauses, die Stadtbefestigung oder die Stierkampfarena, all das lenkte mich von meinen negativen Gedankenspiralen ab.

Und während meiner Spaziergänge auf der Platja de Sant Joan und der Platja des Coll Baix ging mir dann ein Licht auf, welches mehr schmerzte, als jegliche Erkenntnisse zuvor. Ich selbst musste die Verantwortung für das übernehmen, was passiert war. Ich war es gewesen, der sich besser um meine Ehefrau hätte kümmern können, nein, müssen. Ich hatte einen großen Teil dazu beigetragen, dass sie sich nicht sicher genug fühlte, und da war es kein Wunder, dass sie sich von mir entliebt hatte. Das schmerzte, aber nun galt es, produktiv mit dieser Erkenntnis umzugehen, denn ein Zurück gab es nicht mehr. Jetzt hieß es, aus der unliebsamen Situation zu lernen, an mir zu arbeiten und in Zukunft zu einem besseren Menschen zu werden.

Mit diesem guten Vorsatz war ich bei meinem Rundgang durch das mittelalterliche Städtchen vor einer Kirche angelangt. Der gepflegte kleine Platz lud zum Verweilen ein. Ich setzte mich auf eine Bank und genoss den Moment. Eine kleine Reisegruppe war auf dem Platz eingetroffen und der Guide hatte sich direkt hinter mich gestellt, zeigte mit dem Arm auf die Kirche und berichtete von deren Geschichte.

Ich konnte es mir nicht erklären, aber ich hatte vom ersten Moment an den Eindruck, als ob er auch zu mir sprechen würde, obwohl er mir den Rücken zuwandte. Er berichtete, dass die Kirche dem Heiligen Jakob geweiht wurde und dass ein Vorgängerbau dort bereits im Jahr 1248 errichtet wurde.

Nun kam er zu der großen Pestepidemie zu sprechen, die das Städtchen heimgesucht und vielen Tausend Menschen den Tod gebracht hatte. „Die Überlebenden litten nicht nur an der Trauer über den Verlust ihrer Lieben, auch die wirtschaftliche Situation war grauenhaft, eine große Depression herrschte auch gefühlsmäßig. Und als ob das noch nicht schlimm genug gewesen wäre, stürzte in dieser Zeit auch noch die Kirche in sich zusammen. Gerade so, als ob Gott sich nun auch von diesem Städtchen verabschiedet hat", schloss der Guide die Ausführungen über den Vorgängerbau ab.

„Das war ein Fanal", setzte er seine Ausführungen fort. „Die verbliebenen Einwohner nahmen es als deutliches Zeichen, dass sie sich selbst aus der Depression befreien müssen. Sie verstanden es als die Aufforderung zum Aufbruch und zum Aufbau. Und so kam es. Mit der Fertigstellung des Kirchenbaus, wie wir ihn heute vor uns sehen, nahm die Stadt eine positive Entwicklung und kam zu neuer Blüte. Ein Kleinod ist sie heute." Nun wusste ich, dass die Botschaft für mich bestimmt war und ich wusste auch, wie ich damit umgehen sollte.

Meine Reise führte mich weiter nach Artà, einer Kleinstadt mit rund 8000 Einwohnern. Dort gefiel es mir am besten. Das Städtchen war von engen und steilen Straßen geprägt, es gab eine mittelalterliche Festung sowie eine Kirche, von der aus man einen Ausblick über das Meer, die Hügel der Insel, Weiden und Wiesen sowie die Stadt selbst genießen konnte. Diverse Kirchen, Theater und Klöster luden zum Besuchen und Verweilen ein, aber mein Lieblingsort blieb die eben beschriebene Kirche mit ihrem grandiosen Ausblick. Sie wird als Wallfahrtskirche San Salvador bezeichnet und ist wahrlich ein magischer Ort.

Dort beobachtete ich so gut wie jeden Abend den traumhaften Sonnenuntergang– wie er die Wolken rot, orange und lila färbte – und wie die Sonne langsam im Meer unterging.

Ein Weg, der unten im Tal verlief und scheinbar ins Nirgendwo führte, hatte schon länger meine Aufmerksamkeit geweckt. An einem sonnigen und milden Morgen beschloss ich, den Weg zu nehmen und ihm zu folgen, um zu sehen, wohin er führte.

Ich war schon zwei Stunden unterwegs, aber noch keinen Moment hatte ich das Bedürfnis verspürt, umkehren zu wollen. Eine wunderschöne, fast zarte Mittelmeerlandschaft zeigte sich links und rechts des Weges und nach einigen Minuten konnte ich auch das Meer sehen. Beim Blick die Küste hinunter zum Meer sah ich, dass die Straße sich in Serpentinen den Berg hinunterzog.

Ich konnte nicht sehen, wo der Weg enden würde, aber eine innere Stimme veranlasste mich, ihn weiter zu gehen.

Nach einer weiteren halben Stunde und einer leichten Biegung endete der Weg abrupt vor einem Portal, hinter dem auf einer leichten Anhöhe eine Kapelle zu erkennen war.

Nun neugierig geworden, wanderte ich die Anhöhe hinauf, um bei der Annäherung zu erkennen, dass es sich nicht nur um eine Kapelle handelte, sondern auch Nebengebäude vorhanden waren.

Am Eingang der Kapelle gab eine Tafel Auskunft, dass es sich um ein früheres Kloster handelte, die Bezeichnung Bélem erinnerte an das biblische Bethlehem. Nach meiner innigen Erfahrung in Pollença war ich ein wenig unwillig, mich länger im Innenraum der Kapelle aufzuhalten, ich wollte mein einzigartiges Erlebnis in der Kreuzritterkapelle nicht verwässern. Außerdem war das Wetter draußen so verlockend, an diesem Februartag hatte es bereits über 20 Grad, und die Sonne kleidete die Landschaft in ein warmes gelbes Licht.

Aus einem Impuls heraus ging ich um die Kapelle herum und die Anhöhe weiter hinauf. Ein Trampelpfad zeigte an, dass der Weg vieler Menschen wohl nicht an der Kapelle geendet hatte.

Die innere Stimme hatte mich auch jetzt nicht getrogen. Der sich bietende Anblick am Ende des Pfades war sehr berührend. Eine malerische Bucht breitete sich unten am Hügel aus, mit besonderen Felsformationen und einer anmutigen Form.

Ich setzte mich auf einen der Felsen und sah in die Bucht und über das Meer. Eine tiefe Ruhe, ein innerer Frieden erfüllte mich und wieder war ich eins mit der Natur und mit mir selbst. Welch ein magischer Ort! Ich weiß nicht mehr, wie lange ich dort saß, ich war eins geworden mit Raum und Zeit.

Auf dem langen Rückweg in meine Unterkunft hatte ich viel Zeit zum Nachdenken. Eineinhalb Monate waren vergangen, seit mich meine Frau verlassen hatte. Und ich plante, noch ein paar weitere Wochen auf Mallorca zu verweilen oder sogar für immer zu bleiben.

Noch war nicht alles gut, denn es braucht Zeit, bis derartige Wunden heilen. Aber mir ging es schon deutlich besser, als vor dem Antritt meiner Reise. Und am wichtigsten war, dass ich verstand, weshalb das alles passiert war. Ich verstand es nicht nur, ich hegte keinen Groll mehr gegen meine Frau oder gegen mich. Wir beide hatten Fehler gemacht und ich wünschte mir von ganzem Herzen, dass es ihr gut ging, egal wo und mit wem sie jetzt zusammen war.

Mallorca aushalten

Die Landung würde in weniger als zehn Minuten erfolgen. Der Pilot hatte das Kabinenpersonal bereits aufgefordert, sich währenddessen hinzusetzen. Cisco drehte das Champagnerglas, das die Stewardess ihm rasch noch gebracht hatte, in der Hand und sah aus dem Fenster. Vor wenigen Minuten war die Insel Mallorca unterhalb des Flugzeuges aufgetaucht. Sein Mund war trocken und seine Handflächen feucht. Nun, so kurz vorm Ziel wurde er tatsächlich unruhig und ein unbestimmtes, fast panikartiges Gefühl stieg in ihm hoch.

Nach 44 Jahren reiste er das erste Mal in seine Heimat Mallorca zurück. Einzelne Erinnerungsfetzen blitzten in seinem Kopf auf. Von sonnigen Tagen am Strand, vom kristallklaren, türkisfarben leuchtenden Meer, von Bootsfahrten an der Küste entlang, aber auch von einem großen und düsteren Haus in Palmas Altstadt.

Cisco hatte seine Reise in die Vergangenheit in der Gewissheit angetreten, dass er viele Sentimentalitäten verspüren würde, wenn er nach Mallorca zurückkehrte. Nun spürte er, dass er sich nicht geirrt hatte. Tatsächlich war er nervös wie ein Erstklässler am Tag der Einschulung. Und er bereute beinahe seinen Entschluss, die erste Reise nach seiner Pensionierung ausgerechnet nach Mallorca angetreten zu haben. *Das hätte auch noch ein paar Jahre warten können*, dachte er sich. Er war unsicher, wie er die aktuelle Situation auf Mallorca aufnehmen würde.

Das Flugzeug hatte bereits erheblich an Höhe verloren, linker Hand erschien der Randaberg. Cisco rieb sich die Augen. Eine große weiße Radarkugel dominierte nun den Berg. Er schüttelte den Kopf. Der Berg, berühmt für seine drei Klöster, schien ihm fast entweiht. Die Radarkugel wirkte wie ein massiver Fremdkörper hinter dem nun gut erkennbaren historischen Klostergebäude auf der Kuppe des Berges.

Cisco erinnerte sich, dass er als Jugendlicher mehrfach mit der Schulklasse auf den Berg gewandert war. Später hatte er einen besonderen Bezug zum Hauptkloster dort entwickelt, weil der Autor seiner Lieblingsbücher, ein Philosoph namens Ramon Llull, dort im 13. Jahrhundert für zehn Jahre gelebt hatte.

Und er hatte den Berg aus der Ferne immer mit Sehnsucht angesehen. Durch seine Form ähnelte er dem Tafelberg in Kapstadt. Nachdem Cisco in einem Schulbuch einmal die Abbildung des Tafelbergs gesehen hatte, war der Randaberg für ihn ein Sehnsuchtsort geworden.

Cisco wollte schon als Kind von Mallorca weg. Er erinnerte sich, dass er sich immer eingesperrt gefühlt hatte. Das war weniger auf den Umstand zurückzuführen, dass er wusste, dass er auf einer Insel lebte, sondern dass er tatsächlich eingesperrt war. Gefangen in einer Welt, die er sich nicht ausgesucht hatte und in der er sich nicht wohl fühlte.

Die Erinnerungen an das Leben im Heim drohten alte Wunden aufzureißen und ihn mental nach unten zu ziehen. Um sich abzulenken, konzentrierte Cisco sich auf den Anblick, der sich hinter dem Flugzeugfenster zeigte. Er konnte bereits das Meer sehen und wusste, dass links vom Flughafen der kleine Fischerort Arenal lag.

Beim Anblick der massiven Bebauung den ganzen Küstenabschnitt entlang, erschrak er. Er war sich gar nicht mehr sicher, wo Arenal nun genau begann. *Hübsch hässlich*, dachte er sich. Von der Beschaulichkeit des früheren Fischerortes mit seinem malerischen Hafen war scheinbar nichts geblieben. „Das fängt ja gut an", grummelte Cisco in seinen nicht vorhandenen Bart, als mit einem harten Ruck die Maschine auf der Landebahn aufsetzte.

Noch in der Anfahrt zur Fluggastbrücke entwickelte sich eine große Hektik im Flugzeug. Drei Passagiere waren bereits aufgestanden und die Stewardess musste mehrfach über Lautsprecher dazu auffordern, bis zum vollständigen Stillstand der Maschine sitzen zu bleiben. Cisco schüttelte den Kopf. *Und das in der Businessclass!* Ein solches Verhalten hatte er eher von den Reisenden der Touristenklasse erwartet, aber was wusste er schon von dem Stress, den die Männer in den dunkelblauen maßgeschneiderten Anzügen hatten. Er war immerhin schon ein paar Tage im Ruhestand.

Als das Flugzeug mit dem letzten Ruck zum Stehen gekommen war, sprangen die drei Geschäftsmänner erneut auf und rissen ihre Aktenkoffer aus den Gepäckfächern. Mit dem Smartphone am Ohr hasteten sie Richtung Ausgang. Cisco atmete tief durch. *Die Zeiten, dass ich mich abhetze, sind ein für alle Mal vorbei.* Es tat ihm kein bisschen weh, aus der Geschäftswelt ausgeschieden zu sein. Er lehnte sich zurück und blieb zunächst einmal sitzen. Da er am Fenster saß, drängte ihn auch niemand zum Aufstehen.

Er sah durch das kleine Fenster nach draußen. An jedem Finger stand ein Flugzeug. Der Flughafen schien riesig, denn auch auf einigen Außenpositionen konnte er auf Passagiere wartende Flugzeuge stehen sehen. Wiederum erschrak er. Als er vor mehr als vier Jahrzehnten Mallorca verließ, hatte er die Fähre genommen. Er kannte den Flughafen also nur von außen. Damals war der aber mehr eine Baracke als ein richtiges Gebäude gewesen und nun hatte er fast das Aussehen und die Dimensionen des Flughafens von New Jersey, Ciscos Heimatflughafen in den letzten drei Jahrzehnten.

Cisco entdeckte ein Flugzeug der Lufthansa. Da er zunehmend unsicherer wurde, ob es wirklich eine gute Idee war, Mallorca zu besuchen, überlegte er, ob er sich sofort ein Ticket für einen Flug zu einem Ort in Deutschland kaufen sollte. Er zückte sein iPhone 11 und beendete den Flugmodus. Wenn er jetzt buchte, konnte er schon in ein paar Stunden im „Hotel Vier Jahreszeiten" in München einchecken oder im „Ritz-Carlton" in Berlin. In Deutschland hatte er sich immer sehr wohl gefühlt.

Reiß dich zusammen, Cisco! Du bist 65 Jahre alt und dein Mallorca-Leben liegt 44 Jahre zurück. Du bist weder ein Kind noch ein Teenager noch länger ein Geschäftsmann! Also steh auf und sieh dir an, wie die Insel heute aussieht!

Ciscos Unterbewusstsein hatte sich gemeldet. *Nun gut.* Er schüttelte den Kopf, als wollte er die schlechten Gedanken verjagen. *Showtime! Vielleicht schaffe ich es ja auch, mich mit der Insel zu versöhnen.* Cisco stand auf. Die Maschine hatte sich fast vollständig geleert, so dass er in Ruhe sein Handgepäck aus dem Fach nehmen konnte und als letzter Passagier das Flugzeug verließ.

Cisco schob den Ärmel hoch und sah auf seine geschmackvolle Cartier-Uhr. Er folgte nun schon fünf Minuten den Zeichen Richtung Gepäckband, aber es schien, als wollten die Gänge überhaupt nicht enden. Ein Laufband reihte sich ans nächste, einmal unterbrochen von einer Sicherheitsschleuse, dann fügte sich wieder Laufband an Laufband. Das Flughafengebäude schien riesige Ausmaße zu haben.

Als er nach einer gefühlten Ewigkeit an den Gepäckbändern ankam, war sein schwarzer Lederkoffer der letzte, der einsam seine Runden drehte. *Lieber länger laufen und kürzer warten.* Cisco erinnerte sich an die vielen Stunden, die er in seinem Leben schon damit zugebracht hatte, auf sein Gepäck zu warten. Der Umstand, dass sein Koffer bereits vor ihm lag, besserte seine Laune deutlich.

Er orientierte sich und sah, dass an der Seite der Halle einige Mietwagenfirmen ihre Schalter hatten. *Ungewöhnlich*, dachte Cisco, *normalerweise finden sich die Vermieter eher außerhalb des Sicherheitsbereiches.* Vor einem der Schalter, der mit einem grellgelb leuchtenden Logo ausgestattet war, stand eine enorm lange Schlange. *Das wird doch hoffentlich nicht auch meine*

Vermietfirma sein, befürchtete Cisco und zog sein iPhone heraus, um nach der Reservierung zu sehen.

Als er den Namen auf der Bestätigung gelesen und sich umgesehen hatte, war er beruhigt. Vor seinem Schalter stand nur eine einzelne Person. *Kurios.* Als er an der Schlange vorbei ging, hörte er laute Unmutsäußerungen von Kunden der Firma mit dem grellgelben Logo und war froh, dass er sich für einen hochpreisigen Verleiher entschieden hatte. *Das alte Spiel der Autoverleiher, mit günstigen Preisen werben und dann teure Zusatzversicherungen verkaufen.* Cisco durfte noch die Konditionen seiner alten Firma nutzen. Das sicherte günstige Tarife und faire Konditionen.

Nach nur wenigen Minuten hatte Cisco den Autoschlüssel in der Hand. Laut Beschreibung, die der Mitarbeiter ihm zum Standort des Fahrzeuges gegeben hatte, musste der Flughafen noch gigantischer sein, als er bisher vermutet hatte. Und in der Tat, als er aus der Ankunftshalle trat, traf ihn fast der Schlag. Hunderte von Touristenbussen standen in vielen Linien aufgereiht vor dem Gebäude. Ein Gewusel von Reisenden suchte nach dem Standplatz ihres jeweiligen Busses, vermutlich nachdem sie vorher an einem Schalter des Reiseveranstalters die Busnummer erhalten hatten.

Cisco liebte Zahlenspiele. Prompt versuchte er, zu berechnen, wie viele Menschen gerade nach ihrem Bus suchten. Wenn zweihundert Busse auf dem Parkplatz standen, die im Schnitt 50 Passagiere aufnehmen konnten, dann waren sie in der Lage, eine Kapazität von 10.000 Reisenden aufzunehmen. Er hatte den

Eindruck, dass im Moment auch mindestens genau so viele Menschen um ihn herumwuselten.

Nichts wie weg hier! Er sah ein langes Laufband, welches zu dem Parkhaus führte, in dem sein Wagen auf ihn wartete. Er war mit den Modellen der europäischen Autohersteller nicht mehr vertraut, dass er dank seiner Firmenkarte einen BMW bekommen hatte, hatte ihm schon einmal gefallen. Die Modellreihe 4 sagte ihm nichts. Er wusste, dass die 5er- und die 7er-Reihe sehr geräumige Fahrzeuge waren, aber da er allein war, würde es ihm nichts ausmachen, wenn es ein kleineres Modell sein würde.

Als er nun vor seinem Fahrzeug stand, gefiel ihm die Form sehr gut und seine Laune besserte sich. Cisco hatte schon immer ein Faible für sportliche Autos. Aus Gründen der Bequemlichkeit war er zuhause jedoch immer die großen Limousinen aus amerikanischer Produktion gefahren. *Fängt schon mal ganz gut an*, freute er sich über dieses elegante und wohl auch PS-starke Modell.

Er wusste, dass sein Hotel in der Nähe des Flughafens lag. Er hatte das Hotel Portixol deshalb ausgesucht, weil es nahe an Palma und dabei direkt am Meer lag. Und er erinnerte sich an den malerischen Hafen von Portixol. Bei dem dort ansässigen Club Náutico hatte er das Segeln gelernt. Später war er mit einem Freund, dessen Vater dort eine Llaut, das Boot mit der für Mallorca typischen Form, liegen hatte, oft aufs Meer hinausgefahren.

Das waren die glücklichen Momente seiner Jugend und daher hatte er entschieden, sich in dem direkt am Hafen liegenden Hotel einzumieten. So hätte er einen Rückzugsort, der mit schönen Erinnerungen verbunden war, wenn negative Erinnerungen überhandnehmen würden.

Er gab die Adresse in das Navi ein und tatsächlich, als Fahrtzeit wurden nur neun Minuten berechnet. *Das Parkhaus hat genauso riesige Dimensionen wie das Flughafengebäude*, fiel es Cisco auf, denn er brauchte eine Weile, bis er an der Ausfahrt angekommen war. Obwohl er zunächst nur rechts abbiegen konnte, war er froh, das Navi schon programmiert zu haben, denn nun wurde es so richtig unübersichtlich mit Kreiseln, Brücken und unzähligen Ein- und Ausfahrten. *Wie in New Jersey*, dachte er, dankbar, dass er nur der freundlichen Stimme aus dem Lautsprecher folgen musste.

Das muss eine Autobahn sein. Nach wenigen Minuten hatte ihn das Navi auf eine dreispurige Straße geführt und damit direkt in einen Stau. Cisco staunte. Er hatte erkannt, dass er in der Höhe von Can Pastilla war, einem früher beschaulichen Ort mit kleinem Hafen und ein paar wenigen Gebäuden. Wenngleich auch schon 1975, als er die Insel verließ, ein paar hässliche Hotelbauten an dieser Stelle entstanden waren. Die Autobahn gab es damals aber noch nicht. Cisco empfand sie als großen Fremdkörper in der Landschaft, der so gar nicht zu den Bildern passen wollte, die er in Erinnerung hatte.

Nach ein paar Momenten mit Stop-and-go lief der Verkehr wieder flüssig. Nur war Cisco erstaunt, als die Stimme ihn aufforderte, nach rechts abzubiegen, denn er wusste immer noch genau, dass der Hafen von Portixol sich links von der Fahrtrichtung befinden musste. Als er sich der Ausfahrt näherte, erkannte Cisco aber, warum er tatsächlich nach rechts abzubiegen hatte. Die Autobahn ging mittlerweile bis direkt nach Palma hinein und die Gegenfahrbahn war baulich getrennt, so dass kein Überqueren möglich war. Zudem standen gewaltige Wohnblöcke am Rande der Autobahn, die verhinderten, dass Cisco den Hafen sehen konnte. Cisco wurde nachdenklich. *Was, wenn der ganze Hafen von Portixol zugebaut ist?* Ihm blieb nicht viel Gelegenheit, trüben Gedanken nachzuhängen. Beim Abbiegen war ihm das Schild mit der Aufschrift „Puerto Rico" aufgefallen. Obwohl ihm gleich bewusst war, dass wohl der Stadtteil hier so hieß, musste er schmunzeln. Nun könnte er seinen Freunden schreiben, dass er heute schon in der Karibik war. Und er erinnerte sich an die vielen Aufenthalte auf dem karibischen Puerto Rico und an die erlebnisreichen Zeiten dort.

Aber seine Aufmerksamkeit war gleich wieder gefordert, denn das Navi gab ihm mehrfach vor, dass er nach links abbiegen müsse. Tatsächlich war er nach dem dritten Mal links wieder auf der Autobahn, erneut in Fahrtrichtung Flughafen. Und er befand sich auf der falschen Spur, denn erst jetzt wurde ihm bewusst, dass die Aufforderung, nach rechts abzubiegen, unmittelbar galt. Da er sich aber noch auf der ganz linken Spur befand, zog sein abrupter Spurwechsel ein größeres Hupkonzert nach sich.

Cisco wurde an die Mentalität spanischer Autofahrer erinnert. *Hier ist ja auch Spanien,* rief er sich in Erinnerung, nur um in Gedanken gleich ein wenig zusammenzuzucken. In der Kindheit war ihm nämlich eingetrichtert worden, dass dies zunächst einmal Mallorca sei, in erster Linie ein Bestandteil der balearischen Inseln und erst in zweiter Linie ein Teil Spaniens. Er überlegte, ob dieses Selbstverständnis noch heute den Charakter der Mallorquiner bestimmte. *Das wäre interessant herauszubekommen,* dachte er. Nach einem weiteren riesigen Wohnkomplex sah er nun den Hafen von Portixol vor sich.

Was für ein Anblick! Unwillkürlich bremste Cisco das Fahrzeug ab, was ein wütendes Hupen des hinter ihm Fahrenden zur Folge hatte. Er störte sich aber gar nicht daran, sondern war überwältigt von der Anmut des Hafens, der sich in die kleine Bucht einschmiegte. Sofort hatte er entdeckt, dass noch viele von den Llauts mit ihrer markanten Form im Hafen lagen.

In seinem Kopf blitzten nun so viele Erinnerungen auf, dass er Mühe hatte, sich auf die Straße zu konzentrieren. Als er nun am Club Náutico vorbeifuhr und die kleinen Optimisten-Jollen sah, mit denen die Kinder noch heute das Segeln lernen, stieg ein sonderbar anrührendes Gefühl in ihm hoch. Es war ihm, als hätte er die Stimmen seiner Segelkameraden von damals, ihr Lachen und die Scherze im Ohr. Etwas verlegen wischte er sich eine Träne aus dem Augenwinkel. *Deshalb bin ich hierhergekommen,* gestand er sich ein. *Im Club habe ich die glücklichsten Momente meiner Jugend verbracht.*

Im Weiterfahren entdeckte er das weiße Gebäude, welches sich an der Hafenausfahrt befand. Der Schriftzug „Portixol" verhieß ihm, dass dies sein Hotel war. *Sieht recht klein aus,* stellte er fest, aber er ärgerte sich nicht darüber. Immerhin war es kein Fünf-

Sterne-Hotel. Dafür war die Lage so schön, wie er sie sich vorgestellt hatte. Und überhaupt: Wer genug Geld hatte, der hatte es nicht nötig, sich ständig zu beweisen, was alles möglich war. Seit Cisco die Firma verkauft hatte, erinnerte er sich immer öfter daran, dass es die kleinen Dinge waren, die das Leben lebenswert machten. Dabei fuhr er auf den Parkplatz des Hotels.

Beim Einchecken fiel Cisco auf, dass er bislang noch keinen Mallorquiner beziehungsweise Spanier getroffen hatte. Bei der Autovermietung hatte der junge Mann einen deutlichen deutschen Akzent gehabt, aber ansonsten sehr gut Englisch gesprochen. Die Dame an der Rezeption hier sprach ebenfalls recht passabel Englisch, allerdings mit einem sehr aparten skandinavischen Akzent.

Nachdem er in seine Suite mit Meerblick eingecheckt hatte, setzte er sich auf die Terrasse des Hotels mit Blick auf den Pool, und was Cisco besonders wichtig war, mit Blick auf die Hafenausfahrt. Auch wenn sich das Aussehen des Hafens doch kräftig verändert hatte, die Öffnung zum Meer hin war unverändert. Cisco beschloss, ein wenig in alten Zeiten zu schwelgen und die Anmutungen, die er immer empfunden hatte, wenn sie aufs Meer hinausgefahren waren, wieder aufleben zu lassen.

Da er nicht vorhatte, das Hotel an diesem Tag noch einmal zu verlassen, schien es ihm passend, die Erinnerung an alte Zeiten mit einem guten Glas Wein zu unterlegen.

Noch versunken in seine Gedanken und den Blick auf das offene Meer gerichtet, hatte er nicht bemerkt, dass der Kellner an seinen Tisch getreten war. Er zuckte ein wenig zusammen, als dieser ihn ansprach und nach seinem Getränkewunsch fragte.

Cisco hörte aus den englischen Worten nun einen deutlich spanischen Akzent heraus und fragte daher auf Spanisch, ob er einen Weißwein von Mallorca haben könne. Er erinnerte sich zwar mit Grauen an die Qualität der mallorquinischen Weine in der Mitte der 70er-Jahre, zu der Zeit, als er die Insel verließ. Aber wenn er schon einmal hier war, wollte er doch zumindest ein Glas probieren.

Mit bedauernden Worten antwortete der Kellner, nun ebenfalls auf Spanisch, dass es lokale Weine nur in der Flasche gäbe. Der offen ausgeschenkte Weißwein sei ein Verdejo und käme von Nordspanien.

Interessant, dachte Cisco. *Die erste Person auf Mallorca, mit der ich spanisch spreche, kommt aus Chile und nach dem Akzent zu urteilen, aus Südchile.* Dort hatte Cisco in den letzten Jahrzehnten häufig beruflich zu tun gehabt. Aus einer Laune heraus fragte er den Kellner: „Sie kommen nicht zufällig aus Puerto Montt?" An dessen Verblüffung konnte Cisco unschwer erkennen, dass er richtig vermutet hatte. „Sie kennen meine Heimatstadt? Waren Sie schon einmal dort?"

Cisco lachte auf. „So um die fünfzigmal, in den letzten 25 Jahren mindestens zweimal pro Jahr. Ich hatte dort geschäftlich zu tun. Ich kenne die Stadt und auch die Umgebung sehr gut." Noch immer war der Ober vollkommen verdutzt. „Ich lebe nun schon 18 Jahre auf Mallorca und heute treffe ich das erste Mal einen Nicht-Chilenen, der meine Heimatstadt nicht nur kennt, sondern bereits dort war. Wann waren Sie das letzte Mal da?" „Das ist erst zwei Monate her. Da hatte ich mich bei meinen Geschäftspartnern verabschiedet, denn ich bin in Rente gegangen", erklärte Cisco.

Sichtlich aufgeregt fragte der Kellner: „Sie sind Gast hier im Hotel?" Cisco nickte und der andere fuhr fort: „Es steht mir nicht zu, Sie um etwas zu bitten, aber es würde mich brennend interessieren, Ihre Eindrücke von meiner Heimatstadt zu hören. Ich bin heute und morgen Abend zum Dienst an der Bar eingeteilt. Wenn Sie Lust und Zeit haben, lade ich Sie auf ein Glas Wein ein und Sie erzählen mir ein wenig von Ihrer Wahrnehmung meiner Stadt."

„Da ergibt sich sicher eine Gelegenheit." Cisco schmunzelte. „Und apropos mallorquinischen Wein, warum gibt es den nicht glasweise? Ist der immer noch so schlecht, dass ihn niemand trinken mag?" Nun schaute der Ober noch verdutzter. „Wann haben Sie denn das letzte Mal den Wein von hier getrunken?", fragte er. „Mallorquinische Weine, vor allem die Weißweine, zählen zu den besten Weinen Spaniens. Es gibt sie deshalb nicht glasweise, weil sie im Einstandspreis so teuer sind. Aber wir haben eine gute Auswahl bei den Flaschenweinen. Da kann ich Ihnen vorzügliche Weine empfehlen und wenn Sie die Flasche nicht austrinken, vermerke ich Ihre Zimmernummer auf dem Etikett und Sie können dann am Abend oder in den nächsten Tagen immer mal wieder ein Glas trinken."

Mit Schaudern erinnerte sich Cisco an die Qualität der mallorquinischen Weine seiner Jugend. Er konnte sich überhaupt nicht vorstellen, wie sich das geändert haben sollte. Aber der Kellner war so überzeugend in seiner Aussage, dass er erwiderte: „Nun gut, ich will mich da mal überraschen lassen. Welchen Weißwein empfehlen Sie mir denn?"

„Auf Mallorca gibt es mittlerweile nahezu 100 Weingüter, so dass die Auswahl an guten Weinen sehr groß ist. Wenn Sie Gelegenheit haben, besuchen Sie ein paar von den Betrieben und machen sich ein Bild über die Vielfalt und Güte der Weine. Viele Betriebe haben die historischen Traubensorten, wie Prensal Blanc und Giró Ros, wiederbelebt. Trotz der widrigen klimatischen Situation mit großer Hitze im Sommer und Wassermangel im ganzen Jahr schaffen die Winzer es, schön strukturierte und äußerst leckere Weine zu erzeugen.

Dieses Jahr ist mein Favorit der Blanc de Noir des Weingutes Son Campaner. Die Betriebsleiterin und Kellermeisterin ist eine junge Frau. Als sie uns die Weine des neuen Jahrgangs vorgestellt hat, haben wir erfahren, welchen Einsatz und welchen Aufwand es erfordert, gute Weine unter diesen Bedingungen zu erzeugen. Vor allem hat uns diese Frau mit ihrer Leidenschaft für Wein in den Bann gezogen. Wenn Sie nur Zeit haben, ein Weingut zu besuchen, dann fahren Sie zu Son Campaner in der Nähe von Sencelles. Und genau diesen Wein würde ich Ihnen empfehlen."

Bei dem Wort Sencelles waren weitere Erinnerungsblitze in Ciscos Kopf aufgetaucht und er hatte sich auf einem Traktor sitzend, während der Sommerferien, ein Feld hinunterfahren sehen. So hatte er die letzten Worte des Kellners nicht ganz bewusst wahrgenommen, aber von der Schilderung an sich neugierig geworden, nickte er. „Das klingt ja spannend. Bringen Sie mir gerne eine Flasche. Und eine Flasche Mineralwasser bitte."

Der Ober hatte die Bestellung aufgenommen, nochmals bekräftigend genickt und Cisco auf das Mittagsmenü mit drei Gängen hingewiesen, bevor er zurück ins Restaurant ging. Cisco studierte das Angebot. Bei der Vorspeise war als Zutat die heimische Sobrasada erwähnt und wieder bekam er einen Erinnerungsflash. Nicht nur, dass er diese lokale Spezialität, eine Art Paprika-Streichwurst, sehr mochte, er war als Jugendlicher auch mehrfach bei den Eltern und Großeltern seiner Freunde auf dem Land zu Schlachtfesten eingeladen gewesen. Zu diesen Anlässen hatte er dann meist ein paar Würste zugesteckt bekommen. *Kaum bin ich eine halbe Stunde auf Mallorca, schon überschlagen sich die Erinnerungen.* Cisco hatte sich keine Vorstellungen gemacht, was ihn auf der Insel erwarten würde. Das unmittelbare Eintauchen in die Welt von vor über 44 Jahren überraschte ihn nun doch sehr.

Sinnend sah er auf die Hafenausfahrt des Portixol-Hafens und auf das weite Meer. Momentan herrschte überhaupt kein Wellengang, er wusste jedoch, dass sich das auf dem Mittelmeer schnell ändern konnte. Bei einer derart ruhigen Oberfläche hatte es früher am meisten Spaß gemacht, so schnell, wie das kleine Segel des Llauts es hergab, über die Wasseroberfläche zu flitzen. Der Fahrtwind, die spritzende Gischt, das Glitzern des Wassers –

in seiner Anmutung war es ihm als Jugendlichen immer so vorgekommen, als würde er ein Rennboot fahren. „Goldene Zeiten", seufzte Cisco vor sich hin.

Ciscos Erinnerungen wurden unterbrochen, als am Nebentisch zweimal die Stadt Heidelberg erwähnt wurde. Erst jetzt bemerkte er, dass dort drei Pärchen saßen, die schon beim Dessert angelangt waren, und sich in deutscher Sprache unterhielten.

Cisco hatte zweimal in seinem Leben die Stadt Heidelberg besucht und erinnerte sich sehr gerne daran. Überhaupt erinnerte er sich sehr gerne an seine Zeit in Deutschland. Dorthin war er mit 21 Jahren gekommen, nach seinem Abschluss an der Fachhochschule. Und dort fühlte er sich zum ersten Mal richtig gut. *Frei fühlte ich mich, frei und gut.* Milde lächelte er in sich hinein.

Nach der Zeit im Heim mit den restriktiven Regeln, der Bevormundung und den normativen Abläufen, war der Wechsel in das Studentenwohnheim schon ein wichtiger Schritt in die Richtung gewesen, in die Cisco sein Leben hatte führen wollen. Aber es hatte sich letztlich eher angefühlt, wie von Einzelhaft einfach nur in eine größere Zelle mit anderen Leuten verlegt worden zu sein. Letztlich war er sich immer noch wie im Gefängnis vorgekommen. Zu Beginn seiner Hochschulzeit herrschte in Spanien immer noch Franco, der unterstützt von einem obskuren kirchlichen Orden namens Opus Dei eine krude Vorstellung von Moral, Tradition und Kultur entwickelt hatte.

Cisco hatte früh gelernt, seine Meinung für sich zu behalten. Im Heim war ohnehin alles verboten gewesen, was nicht explizit erlaubt war. Er hatte dennoch einen Weg gefunden, dem tristen Alltag zu entfliehen, indem er begonnen hatte, die Bücher in der recht umfangreichen Bibliothek des Heimes zu lesen. Früh hatte er dabei den Unterschied zwischen guten Büchern und ideologisch eingefärbter Literatur herausbekommen und hatte sich damit viel unnütze Lektüre erspart. Gänzlich frei von Ideologie waren die Naturwissenschaften, zu denen er sich schon sehr früh hingezogen fühlte.

Bücher über Mathematik, Physik, Chemie und Biologie waren in der Bibliothek reichlich vorhanden, die meisten davon noch völlig unberührt. Wahrscheinlich hatte irgendwann in den 60er-Jahren ein Heimleiter die Vorstellung gehabt, dass wissenschaftliche Bücher ein notwendiger Bestandteil einer Bibliothek sind und hatte wahllos eingekauft, was gerade am Markt verfügbar war. Dabei auch Bücher von Gödel und Heisenberg, außerdem von Ramon Llull, dem mallorquinischen Philosophen, der bereits im 13. Jahrhundert gelebt und gewirkt hatte.

Im Mittelalter standen einige Bücher von Ramon Llull auf dem Index der Kirche, aber später erkannte man deren spirituelle Dimension und ihre Bedeutung für die Logik in der Mathematik und daher war auch ein katholisches Heim in der Franco-Zeit angehalten gewesen, möglichst viele seiner Werke vorzuhalten – ein Glücksfall für Cisco.

Für das Studium der Chemie hatte er sich nur deshalb entschieden, weil die Kurse für Mathematik und Physik bereits ausgebucht gewesen waren. *Was für ein Glück,* sinnierte Cisco. *Mit der Chemie habe ich meinen späteren Reichtum begründet. Wobei Glück,* besann er sich. *Zurückblickend war es wohl eher so, dass alles so kommen sollte, wie es gekommen ist.* Er wurde noch nachdenklicher. *Und deshalb bin ich jetzt wohl auch hier.*

Er schreckte aus seinen Gedanken auf, als der Ober mit den Getränken an den Tisch kam. Als er ihm das Etikett der Weinflasche zeigte, war Cisco verblüfft. „Schraubverschluss? Wie kommt das denn?" Der Ober schien auf die Frage gewartet zu haben. „Als die Kellermeisterin uns die Weine vorgestellt hat, waren auch wir total überrascht. Sie hat uns jedoch überzeugt, dass dies für junge Weine der optimale Verschluss ist. Die Kunden loben die Frische und Mineralität des Weines und wir haben es beim Öffnen der Flaschen deutlich leichter. Und es gab noch keine Reklamation wegen Korkgeschmack." Der Kellner lachte schelmisch. Cisco ließ sich von seiner Heiterkeit gerne anstecken. War er im Flugzeug noch angespannt und nervös gewesen, so fiel jetzt all diese Spannung von ihm ab und er fühlte sich richtig wohl. Was sicher auch an der vertrauten Umgebung des Hafens Portixol, aber auch in der angenehmen Atmosphäre hier im Hotel begründet lag.

Der Kellner hatte den Probierschluck eingeschenkt und schaute Cisco erwartungsvoll an. Dieser hob das Glas, roch hinein, schwenkte es ein wenig und roch nochmals hinein. Den Geruch dieses Weines mochte er schon einmal. Er schwenkte das Glas noch ein-, zweimal und nahm dann einen kleinen Schluck, um sofort einen größeren Schluck hinterher zu nehmen. Was er da am Gaumen spürte, war eine Offenbarung. Ein eleganter Wein mit einem schönen Volumen und einem leichten Schmelz. Cisco fühlte sich entfernt an die Sancerre-Weine erinnert, die er lange Zeit sehr gerne getrunken hatte. Aber dieser Wein hier war besser und zwar deshalb, weil er genau zur Umgebung passte.

Auffordernd hielt er dem Kellner sein Glas hin und nachdem dieser nachgeschenkt hatte, nahm er einen größeren Schluck. Vielleicht lag es daran, dass er erstmals seit 44 Jahren wieder einen mallorquinischen Wein trank, es schmeckte in jedem Fall vorzüglich. Seine Freunde aus dem Südwesten Deutschlands, dem Badener Land, hatten diese Fülle immer als „*ein Maul voll Wein*" bezeichnet. Das war es. Cisco beschloss, dem Weingut in jedem Fall einen Besuch abzustatten.

Die Flasche Weißwein leerte er noch während des Mittagessens, der Wein passte ganz hervorragend zu dem Menü. Danach bestellte er sich eine Flasche Rotwein vom gleichen Weingut und leerte auch diese. Ihm war ein wenig schwummerig, aber der Platz auf der Terrasse des Hotels mit Blick auf das Meer erschien ihm wie das Paradies und er wollte noch nicht alleine sein. Gegen 18:30 Uhr torkelte er zu seiner Suite und wollte sich eigentlich nur kurz hinlegen, bevor er zu Abend aß. Als er das nächste Mal auf die Uhr sah, war es bereits drei Uhr morgens.

Den Rest der Nacht schlief er sehr unruhig. Immer wieder wurde er von wilden Träumen geplagt, daher stand er irgendwann auf. Mit Beginn der Morgendämmerung stellte er sich schließlich ans Fenster. Auch hier hörten die Gedanken nicht auf, durch seinen

Kopf zu wirbeln. Manche waren sehr abstrus, andere recht konkret. Dabei tauchte sehr häufig ein düsteres und mächtiges Gebäude auf. Es war nicht das Heim, in dem er als Kind untergebracht gewesen war, sondern es war das Collegio, das Gymnasium, welches er acht Jahre besucht hatte. Die Erinnerungen an diese Zeit plagten ihn noch immer.

Cisco stand nun schon eine Stunde am Fenster und sah auf das Meer. Es war gerade erst halb sieben am Morgen und noch zeigte sich die Sonne nicht am Himmel.

Er hatte sich vorgenommen, heute die Stadt Palma zu besuchen, aber vorher würde er einen starken Kaffee brauchen. Ihm dröhnte der Schädel. Andererseits war er gespannt, wie sich die Stadt in den letzten vier Jahrzehnten verändert haben mochte. Mit Sicherheit würde er einen großen Bogen um sein früheres Collegio machen. Die Zeit war noch nicht reif, um sich den damit verknüpften Erinnerungen zu stellen.

Draußen, linker Hand von seinem Fenster begann die Morgendämmerung. Die Sonne schob sich wie im Zeitraffer über den Horizont und erzeugte ein ungekanntes Spektrum an Rot-Rosa- und Purpurtönen. Es schien, als würde sich die Natur an diesem Morgen besonders ins Zeug legen. Alle düsteren Gedanken der vergangenen Nacht waren auf einmal wie weggewischt. Cisco war tief berührt von der Schönheit dieses Sonnenaufgangs.

Er erinnerte sich bislang nur an einen einzigen Sonnenaufgang, der ähnlich eindrucksvoll gewesen war und diesen hatte er ebenfalls auf Mallorca erlebt. Damals war er 15 gewesen – das war nun genau 50 Jahre her. Es war ein besonders trübsinniger Morgen auf der Burg Alaró gewesen. Als Gymnasiast hatte er dort an einer Art Ferienprogramm teilgenommen. Er erinnerte sich deshalb so gut daran, weil er sich in diesen Tagen noch ausgelieferter und noch verzweifelter gefühlt hatte. An jenem Morgen hatte er den Eindruck gehabt, als wäre der Sonnenaufgang eine Botschaft an ihn. Eine Aufforderung, seine Zuversicht auf ein besseres Leben zu wahren und daran zu glauben, dass er behütet war. So hatte er es damals tatsächlich empfunden und danach war es ihm auch lange Zeit deutlich besser gegangen.

Seine Unruhe und die diffusen Ängste waren auch jetzt verstummt. Eine tiefe innere Ruhe erfüllte ihn. Fast wie in Trance stand er noch eine Weile am Fenster und fühlte sich eins mit dem Universum.

Diese Anmutung beherrschte ihn auch später noch, als er bereits am Frühstückstisch saß. Sie bescherte ihm einen guten und starken Start in den neuen Tag.

Es war schon fast zehn Uhr, als er aufbrach. Als er am Auto ankam, fiel ihm noch etwas ein. Er drehte um, um an der Rezeption zu fragen, welche Parkgarage er am besten ansteuern sollte. Der milde Blick der Rezeptionisten verriet ihm, dass er nicht der einzige war, den diese Frage umtrieb und dass sie scheinbar unnötig war. Sie lächelte ihn an. „Mit dem Auto zur Parkgarage am Parc de la Mar, also unterhalb der Kathedrale, sind es circa fünf Minuten. Dort kostet das Parken in der Stunde drei Euro an Gebühren. Wenn Sie laufen, sind es 15 Minuten bis zum Passeig des Born, der Prachtstraße, und Sie haben beim Laufen einen wunderbaren Blick auf das Meer und auf die Kathedrale. Und ein Taxi kostet pro Strecke fünf Euro und bringt Sie auch direkt an den Born, so dass ich Ihnen davon abraten würde, das Auto zu nehmen."

Cisco war ein Mann der Logik. Er ließ das Auto stehen und machte sich zu Fuß auf den Weg.

Dies hatte dann auch den Vorteil, dass der Weg direkt am Club Náutico de Portixol vorbeiführte, wo die kleinen Optimisten-Segelboote auf die Segelschüler warteten.

Als wäre die Zeit stehen geblieben, dachte Cisco. Er sah vor seinem geistigen Auge, wie er mit seinen Schulkollegen hier vor 55 Jahren seine Segelausbildung erhalten hatte. *Mit zehn Jahren war ich ein verschüchtertes, ängstliches und unsicheres Wesen. Ohne jegliche Ahnung, was mich auf diese Welt und in dieses Leben verschlagen hat,* sinnierte er vor sich hin.

Seine trübsinnigen Gedanken wurden jäh unterbrochen, als er am Eingang des Restaurants von Club Náutico ankam. Viele Erinnerungen waren mit diesem Ort verbunden. Er konnte sich jedoch nur schwer darauf konzentrieren, der Geräuschpegel, der herausdrang, war enorm. Der Geruch von Kaffee und frischem Gebäck drang in seine Nase. Trotz der frühen Stunde waren fünf oder sechs Tische besetzt, vornehmlich mit Rentnern, aber es waren auch ein paar Handwerker darunter. Er blieb stehen und wurde von einer Woge an Erinnerungen überspült.

Es war die Zeit der Merienda, die Morgenvesper. Ein Ritual, welches Cisco natürlich von früher kannte. In seiner Jugend war die Merienda das Hauptessen am Morgen gewesen. Das Frühstück nach dem Aufstehen bestand meist nur aus einem Glas Wasser oder einem kleinen Milchkaffee. Erst gegen 11 Uhr sah man sich in der Lage, feste Nahrung zu sich zu nehmen, nachdem man ja meist ohnehin bis Mitternacht des Vortages zu Tisch gesessen hatte.

Daher war es auch nicht verwunderlich, dass das Mittagessen erst gegen 14:30 oder gar 15:00 Uhr eingenommen wurde. Dadurch ließ sich die Zeit bis zum Abendessen gut überbrücken. Selbst im Heim hatte es das Abendessen immer erst um 21:30 Uhr gegeben. Und im Sommer bei den Aufenthalten in der Familie von Freunden wurde meist sogar erst um 22:00 Uhr zum Abendessen gerufen. Das war optimal für die Kinder und Jugendlichen, die noch bis zum letzten schwachen Licht des Tages draußen spielen konnten.

Cisco stutzte. Von einem der Tische starrte ihn ein älterer Mann intensiv an. Es kam ihm so vor, als ob er diesen schon einmal gesehen hatte, aber mit dem wettgegerbten Gesicht und den vielen Altersfalten des Anderen wollte sich bei ihm keine Erinnerung einstellen. Da der alte Mann seinen Blick inzwischen abgewandt hatte, maß Cisco dem keine weitere Bedeutung bei. Stattdessen musterte er sein Spiegelbild in einer der Scheiben des Restaurants und strich sich das glatte, sorgfältig gescheitelte Haar aus der Stirn. Nur an den Schläfen schimmerte es weiß, ansonsten hatte es noch das gleiche satte Schwarz wie zu der Zeit, als er ein junger Mann gewesen war. Er setzte die Sonnenbrille auf und richtete seine Schritte wieder Richtung Palma.

Er umrundete das Becken des Portixoler Hafens. Am rechten Rand des Hafens befand sich jetzt ein großer Gebäudekomplex mit Wohnungen, der Cisco schon bei der Anfahrt missfallen hatte. Er schien noch nicht allzu lange fertiggestellt worden zu sein. Zur Straßenseite hin hingen noch Plakate mit Verkaufsangeboten und ein Kiosk, der offensichtlich einmal als Verkaufsbüro gedient hatte, stand leer.

Cisco musste sich eingestehen, dass er kein Bild mehr vor Augen hatte, wie die Fläche zu seiner Zeit ausgesehen hatte. Er erinnerte sich aber, dass die Kathedrale vom Hafen aus zu sehen gewesen war und dieser Blick war nun durch das monströse Gebäude verstellt.

Zwischen dem Gebäudekomplex und dem Meer war die Uferpromenade jedoch sehr schön gestaltet und sogar ein Radweg war angelegt worden. Das erschien Cisco als eine sehr sinnvolle Sache, denn an diesem Vormittag waren schon Hunderte von Fahrradfahrern an ihm vorbeigefahren.

Vor ihm befand sich ein Restaurant mit direkter Strandlage. „Assaona" stand als Name an der Wand. Es handelte sich wohl um einen Beach-Club, denn als er am Gebäude vorbeigelaufen war, sah er Terrassen und Liegen mit Sonnenschirmen. Das sah alles sehr ansprechend aus, so dass Cisco beschloss, bei nächster Gelegenheit hier einzukehren. Nun konnte er auch die Kathedrale sehen und beschleunigte seinen Schritt.

Mehr als vier Jahrzehnte war er nicht mehr hier gewesen und konnte es kaum abwarten, in seine Lieblingskirche zu gehen. Er freute sich besonders, die Installation des Antonio Gaudí wiederzusehen. Dessen Werke, besonders aber die darin enthaltenen Botschaften und die große Spiritualität, hatte er immer bewundert.

Ciscos Blick fiel auf die riesige Rosette der Kathedrale, die sich auf der östlichen Seite des Kirchenschiffes befand. Er wusste, dass es auf der westlichen Seite eine weitere Rosette gab, die nur unwesentlich kleiner war. Und er erinnerte sich, dass zweimal im Jahr ein ganz besonderes Naturschauspiel stattfindet. Die Sonnenstrahlen, die durch die östliche Rosette fallen, bilden dabei einen farbigen Kreis, der im Laufe des Jahres durch das Schiff der Kathedrale wandert und genau an zwei Tagen dergestalt unter der westlichen Rosette zum Stehen kommt, dass der Kreis des Fensters und der projizierte Kreis sich nahezu berühren und so eine Art Acht bilden.

Cisco konnte sich gerade nicht daran erinnern, an welchen Tagen im Jahr es zu diesem Phänomen kam, wusste aber, dass er in seiner Jugend mehrfach mit seiner Klasse und später mit Studienkollegen in der Kathedrale gewesen war und es beobachtet hatte. Das Bild dieser sogenannten „Magischen Acht" stand ihm immer noch plastisch vor Augen.

Nach wenigen Minuten tauchte ein weiterer Beach-Club links neben dem Fußweg auf. „Ánima Beach" war als Name auf der Wand aufgebracht und Cisco musste schmunzeln. Die Mischung spanischer und englischer Begriffe konnte mit „Seelen-Strand" übersetzt werden. Hier war sicherlich ein guter Ort, um die Seele baumeln zu lassen. Er befand sich nicht nur in unmittelbarer Nähe zur Kathedrale und damit zum historischen Zentrum von Palma, sondern hier begann auch bereits der Badestrand der Stadt. *Sehr praktisch und komfortabel*, befand Cisco.

In Ciscos Erinnerung sah die ganze Umgebung noch gänzlich anders aus, auf jeden Fall ruhiger und beschaulicher. Die Einfallstraße vom Flughafen kommend, verfügte mittlerweile über drei Spuren in jede Richtung. Diese wurden offensichtlich auch gebraucht, denn an der Ampelkreuzung, auf die Cisco jetzt zulief, staute sich der Verkehr auf allen drei Spuren. Hinter der Kreuzung war der kleinere Teil der Festung noch erhalten. Zwei Festungsmauern begrenzten im Mittelalter die Stadt nach Westen und Osten. Die westlich gelegene Festung war deutlich größer und stärker ausgebaut, der östliche Teil, den Cisco gerade vor Augen hatte, war deutlich kleiner. „Es Baluard" wurden beide Festungen genannt.

Cisco erinnerte sich, dass sie als Kinder in der großen Festung, am westlichen Rand der historischen Altstadt, sehr gerne gespielt hatten. Sie war damals sehr baufällig und von Gräsern und Sträuchern überwuchert gewesen und es war verboten, dort zu spielen. Das hatte den Reiz für sie als Kinder nur um so mehr erhöht. *Bin mal gespannt, was aus dieser heruntergekommenen Festung zwischenzeitlich geworden ist.*

Nach einem weiteren kleinen Fußmarsch war Cisco auf Höhe der Kathedrale angekommen. Er konnte kaum glauben, welche Fläche sich rechts vor seinen Augen ausbreitete. Ein großes

Bassin war zu sehen, in dessen Mitte reckte sich eine hohe Wasserfontäne in den Himmel. Eingebettet in eine Freifläche mit einem Skulpturenpark, einem Kinderspielplatz und einer Promenade, an der Buden standen, die wohl für ein Fest aufgebaut waren. Cisco war erstaunt. *Unglaublich, diese Veränderung!* Hier wurden dem Meer einige Meter abgerungen und so viel Land aufgeschüttet, dass die Ausfallstraße mit ihren insgesamt sechs Spuren weiter Richtung Meer verlegt werden konnte. Die alte Straße war wohl abgerissen worden und dort befand sich nun das Bassin. *Phänomenal*, konstatierte Cisco.

Links erstreckte sich eine lange Mole. Sie war mit einer beinahe ebenso langen Reihe von Touristenbussen zugestellt, die sich wie die Perlen einer Kette aneinanderreihten. Die bunten Busse passten zwar nicht in die Umgebung, durch die schiere Anzahl und die vielfältigen farbigen Bemalungen gaben sie ihr dennoch eine besondere Nuance. Diese vergängliche Installation von Straßenkunst gefiel Cisco und er schmunzelte in sich hinein. Als sein Blick jedoch weiter nach links wanderte, erschrak er fast ob der massiven Klötze von Kreuzfahrtschiffen, die in einer für Cisco unbekannten Dimension an der Hafenanlage festgemacht hatten. Drei riesige Schiffe, jedes sicher mit einer Kapazität von 4.000 bis 5.000 Passagieren ausgestattet, lagen da in einem enormen Hafenbecken.

Nun konnte sich Cisco auch erklären, warum eine solch große Anzahl von Bussen auf der Mole parkte, diese fuhren wohl die Passagiere von den Schiffen in die Stadt und umgekehrt. Cisco erschauerte ein wenig.

Wie voll muss die Altstadt sein, wenn da auf einen Schlag 12.000 bis 15.000 Menschen mehr unterwegs sind?

Er zögerte kurz, ob er sein Vorhaben, der Altstadt von Palma einen Besuch abzustatten, besser auf einen anderen Tag verlegen sollte. Da er aber nicht wusste, ob im Sommer nicht jeden Tag so viele Kreuzfahrtschiffe nach Palma kommen würden und er in der Tat auch sehr neugierig darauf war, die Stadt nach all den Jahren wiederzusehen, wandte er sich nach rechts, wo eine große Ampelanlage die Zufahrt zum Hafen regelte.

An einer der Fußgängerampeln war sogar ein spezieller Druckknopf mit einem Gruppensymbol und der Bezeichnung „grupos" angebracht. Ein weiteres Indiz dafür, dass hier große Menschenmassen unterwegs waren. Damit ließ sich anscheinend die Grünphase verlängern, damit eine Gruppe geschlossen die Straße überqueren konnte. *Hier ist man auf den Tourismus ausgerichtet*, stellte Cisco für sich fest. Mit einem Tross von Touristen überquerte er die Straße.

Er war die Freifläche inzwischen so weit entlanggegangen, dass er vor der Mitte der Kathedrale angelangt war. Wie mächtig sich das hohe Kirchenschiff über dem Bassin präsentierte! Cisco war ergriffen, das Wiedersehen mit diesem imposanten Gebäude hatte er sich doch deutlich weniger emotional vorgestellt. Eine Gänsehaut überzog ihn und ein diffuses Gefühl von Demut, Respekt, Vertrautheit und Glück durchströmte ihn. Es kam ihm vor, als ob die Kathedrale ihn ansprechen würde. „Schön, dass du wieder da bist", meinte er zu vernehmen. Unwillig schüttelte er den Kopf, als wolle er die Wahrnehmung damit abschütteln. *Was für einen Blödsinn ich mir da gerade einbilde!* Dabei streifte er sich eine kleine Träne aus dem rechten Auge.

Cisco hatte nach der Entscheidung, seine Geburtsinsel zu besuchen, öfter die Befürchtung befallen, dass er stark emotional auf bestimmte Orte und Gebäude reagieren würde. Dass aber bereits der Anblick der Kathedrale ihn derart emotional übermannte, hätte er sich nie vorstellen können. Cisco hatte sich ausgemalt, dass er unschöne, belastende und negative Gefühle empfinden würde. Die Anmutung, die die Kathedrale in ihrer majestätischen Schönheit gerade in ihm ausgelöst hatte, war jedoch genau gegensätzlich: erfüllend, tragend, einfach herzerwärmend.

Scheinbar waren neue Busse angekommen, denn plötzlich war Cisco von Menschenmassen umgeben. Er sah sich um und bemerkte, dass diese Massen gut koordiniert in Gruppen unterwegs waren. Vor jeder Gruppe lief ein Guide, der ein Schild mit einer Zahl über seinen Kopf hielt, welches den Touristen als Orientierung diente. Cisco hörte die Guides in unterschiedlichen Sprachen sprechen. Die Gruppen waren wohl nach der Sprache gebildet worden, und deren Größe umfasste teilweise an die 50 Teilnehmer. Cisco konnte sich nur schwerlich vorstellen, dass die hinten Laufenden da noch mitbekamen, was der Tourguide vorne erzählte. Wobei einige von ihnen mit Lautsprechern arbeiteten, die Cisco als sehr nervig empfand. Ein Guide hatte sogar Headsets ausgegeben. *Die Variante ist deutlich weniger störend und sicher sehr viel effizienter für alle Kunden,* überlegte Cisco.

Fast so schnell, wie Cisco von den Touristenmassen umgeben gewesen war, war der Spuk auch schon wieder vorbei. Er beobachtete, wie die Gruppen nun die Treppen hoch zur Kathedrale bevölkerten und wurde irgendwie an Heuschrecken erinnert, die über einen Ort herfielen.

Er schüttelte den Kopf, als wollte er diesen Eindruck und die gerade wahrgenommenen Bilder abschütteln. Cisco fühlte sich in großen Menschenansammlungen nie wohl.

Er war nun am Ende des Bassins angekommen und sah immer wieder auf den neben der Kathedrale liegenden Palast. Cisco wusste, dass dieser ursprünglich von Arabern erbaut worden war. Er erfreute sich an den maurischen Bögen, die der Palastfassade eine leichte und heitere Erscheinung verliehen. Da Cisco beim Betrachten der maurischen Bögen weitergelaufen war und nicht auf den Weg geachtet hatte, stolperte er plötzlich über ein Hindernis. Er wäre mit wohl schmerzlichen Folgen auf ein kleines Plateau gefallen, wenn nicht eine kräftige Hand ihn beherzt gepackt hätte.

Cisco musste sich erst einmal sammeln. Das erste, was er sah, nachdem er wieder sicher auf beiden Beinen stand, war das freundliche Grinsen seines Retters. „Everything fine?", fragte ihn dieser auf Englisch mit deutschem Akzent. Cisco wunderte diese Ansprache nicht. Er war auf der ganzen Welt unterwegs gewesen, aber stets hatte man ihn vom Aussehen her als Amerikaner qualifiziert. Das lag hauptsächlich daran, dass Cisco eine starke Ähnlichkeit mit Cary Grant nachgesagt wurde, den vor allem viele ältere Menschen noch kannten und als typischen

Amerikaner ansahen. „Mir geht es gut", antwortete Cisco auf Deutsch.

Als er sich umsah, stellte er fest, dass in kurzem Abstand etwa zehn bis zwölf Personen standen, die das Geschehen aufmerksam verfolgten. Und jetzt bemerkte er auch, dass auf dem Hemd seines Helfers in der Not ein Logo aufgebracht war, das ihn als Guide auswies. Cisco war also in eine Stadtführung gestolpert.

„Was zum Geier liegt denn hier auf dem Boden und lässt arglose Menschen stolpern?", fragte er.

„Das erkläre ich gerade." Der Guide schmunzelte. „Sie dürfen gerne zuhören, denn das hat etwas mit der jüngeren Geschichte von Spanien zu tun."

Cisco wusste nicht recht. Es gefiel ihm gar nicht, so in die Gruppe gezogen zu werden, aber er war neugierig, was es mit dieser Installation auf sich hatte. Er beschloss, sich dankend zu verabschieden, sobald der Guide an dieser Stelle seine Ausführungen beendet haben würde.

Der hatte auch schon mit einer Geschichte begonnen, die mit der Machtergreifung Francos zu tun hatte.

„Franco war von Hitler und Mussolini unterstützt worden und hatte daher den Bürgerkrieg für sich entscheiden können. Aber", so führte der Guide aus, „Hitler fand es unpraktisch, dass Spanien als potentieller Kriegspartner in einer anderen Zeitzone lag als Italien, Deutschland und das besetzte Frankreich. Hitler verständigte sich mit Franco und dieser legte diktatorisch fest, dass Spanien von der Greenwich Mean Time in die Mitteleuropäische Zeit wechselte. Dies war bereits 1942 und seitdem ist Spanien in der falschen Zeitzone."

Dabei deutete der Guide auf eine Gedenkplatte, die im Boden eingelassen war. Und Cisco bemerkte, dass oberhalb der Platte der Begriff „Ajuntament" stand, also Stadtverwaltung. Dies war in der Tat eine offizielle Gedenkplatte. Auf dieser wurde in vier Sprachen, also Spanisch, Katalan, Englisch und Deutsch an dieses Ereignis erinnert.

Und nun sah Cisco auch, worüber er gestolpert war. Er stand bereits auf einer am Boden liegenden Sonnenuhr. In der Mitte hatte sie einen Sockel mit Kerben darin, und links und rechts von der Erhebung standen spezielle Datumsangaben. Cisco konnte erkennen, dass da unter anderem der 23. Juli und der 23. August eingemeißelt waren.

Der Guide war auch bereits am Erklären, was es mit der Sonnenuhr auf sich hatte, da wurde Cisco plötzlich von einer Erinnerung übermannt, die mit dem Datum 23. August verknüpft war.

Cisco wurde es erst heiß und gleich darauf fröstelte er. Er zog die Schultern hoch und legte eine Hand aufs Herz. Ein tiefer Schmerz nagte an seiner Seele. Vor seinen Augen erschienen die Bilder des 23. August 1972. Die bleierne Hitze, die damals über Palma gelegen hatte, nahm ihm auch jetzt noch, nach fast drei Jahrzehnten, den Atem.

Zu der Zeit waren damals gerade Ferien gewesen. Für die Heimbewohner hatte man eine Wanderung nach Esporles geplant, die der Heimleiter aufgrund der großen Hitze allerdings abgesagt hatte. Stattdessen war den Kindern befohlen wurden, im Heim eine Aufräumaktion zu starten. Verschiedene Trupps waren gebildet worden, die anschließend auf die Bibliothek, die Keller- und die Speicherräume aufgeteilt wurden.

Cisco hatte versucht, zur Bibliotheksgruppe zugeteilt zu werden, da hätte er die Gelegenheit nutzen können, um in ein paar noch nicht gelesene Bücher hineinzusehen.

Eingeteilt wurde er jedoch in den Trupp, der den Speicher aufzuräumen hatte, was auch deshalb sehr unangenehm war, weil es dort kaum weniger heiß war als draußen.

Schwitzend und fluchend waren die Jungen ihrer Aufgabe nachgekommen, die chaotisch gestapelten Kartons zu öffnen, den Inhalt zu sichten, diesen nach Jahreszahlen zu ordnen und systematisch neu zu stapeln.

Cisco hatte sich dabei ein wenig mehr Zeit als seine Kameraden genommen. Seine wissenschaftliche Neugier war durchgekommen. Er hatte in den Akten, die sich in den Kartons befanden, geblättert, bevor er diese dem entsprechenden Jahrgang zuordnete. Beim vierten Karton angekommen, hatte Cisco festgestellt, dass darin Akten aus dem Jahr 1955 einsortiert waren. Sein Interesse war gewachsen, denn bei diesem Jahr handelte es sich um sein Geburtsjahr. Die ersten Hefter, die er dem Karton entnommen hatte, trugen Namen, die ihm unbekannt waren, bei einem der nächsten Hefter hatte jedoch der Name eines seiner Mitbewohner draufgestanden. Hektisch hatte er auch die restlichen Hefter herausgenommen und schließlich den einen gefunden, auf dem sich sein vollständiger Name befand.

Aufgeregt hatte er sich umgesehen. Seine Kameraden hatten alle beschäftigt gewirkt. Niemand hatte auf ihn geachtet, als er die ersten Seiten aufgeschlagen hatte. Prompt waren ihm die Tränen in die Augen getreten. Zum ersten Mal in seinem Leben hatte er Bilder von Mutter und Vater vor Augen! Und wie wundervoll sie ausgesehen hatten! Noch viel netter und schöner, als er sie sich vorgestellt hatte. Aufgeregt hatte er weitergeblättert. Da waren viele eng beschriebene Seiten, unter anderem Gerichtsakten, wie am Briefkopf zu erkennen gewesen war.

Ängstlich hatte Cisco sich immer wieder umgesehen. Noch hatte keiner der anderen etwas bemerkt. Ihm war klar geworden, dass er diesen Hefter an sich bringen musste, wenn er mehr über seine Eltern erfahren wollte. Seine Gedanken hatten sich überschlagen, während er nach einem Versteck suchte. Vor Angst war ihm ganz flau geworden.

Er hatte schon zweimal den ganzen Raum mit den Augen durchwandert, als sein Blick auf einen kleinen Leinenbeutel fiel, den Pere, sein Zimmergenosse, neben sich stehen hatte. Schusslig wie er immer war, hatte er nach der abgesagten Wanderung den Beutel mit den Wanderschuhen weiterhin mit sich herumgetragen.

Keiner hatte auf Cisco geachtet, als er den Beutel an sich heranzog und den Hefter hineingleiten ließ. Er war sich sicher gewesen, dass Pere sich nachher nicht erinnern würde, seinen Schuhbeutel dabei gehabt zu haben, so dass Cisco diesen als seinen eigenen ausgegeben konnte.

Vorsichtig hatte er sich noch einmal umgesehen. Keiner hatte etwas bemerkt, aber Cisco hatte trotzdem keine Ruhe gefunden. Wo sollte er die Akte ansehen und wie sollte er sie anschließend wieder hierherbringen? Er war ja fast nie alleine und ungestört und der Speicher war sonst zugesperrt. Seine innere Unruhe war angestiegen, als plötzlich ...

Abrupt wurde Cisco aus seinen Erinnerungen gerissen. Irgendetwas um ihn herum war anders. Er schluckte. Für einen Moment wusste er nicht, was er hier gerade tat und wer die Leute waren, die ihn anstarrten, dann fiel es ihm wieder ein. Außerdem wurde ihm bewusst, dass der Guide aufgehört hatte zu sprechen. Cisco schüttelte den Kopf, um wieder klar zu werden, da bemerkte er die Hand, die ihm hingestreckt wurde. „Nun wissen Sie, worüber Sie gestolpert sind. Ihnen noch einen schönen Tag und viel Spaß in Palma." Die Verabschiedung kam recht überraschend. Cisco nahm die Hand und schüttelte sie langsam. Die Erinnerung an den stickigen Speicher und das überwältigende Gefühl, endlich Fotos seiner Eltern zu sehen, steckte ihm noch in den Gliedern. Er murmelte ein paar Dankesworte, dann zog der Guide mit seiner Gruppe weiter.

Cisco wurde nochmals in seine Gedankenwelt zurückgezogen. Ab diesem Tag, erinnerte er sich, begann der Hass und er hatte sich seither nie wieder ganz frei davon machen können. Mit einer energischen Armbewegung versuchte er, die negativen Gedanken zu vertreiben und zurück in die Gegenwart zu gelangen.

Er sah der Gruppe nach. Diese hatte aber bereits die Straße überquert und war vor einem Denkmal zum Stehen gekommen.

Cisco rieb sich die Augen. *Das war doch die Statue von Ramon Llull, die dort stand*, wunderte er sich. Aus einem Impuls heraus machte er sich ebenfalls auf den Weg, zögerte dann und hielt inne. Er wollte nicht den Eindruck erwecken, dass er sich die Ausführungen des Guides erschleichen wollte.

Im nächsten Moment entschloss er sich aber, zur Gruppe aufzuschließen. *Ich werde den Guide fragen, wo ich diese Tour buchen kann und morgen dann offiziell mitlaufen*, war seine Idee.

Bei der Gruppe angekommen, hörte er diesen noch ausführen, dass es sich bei Ramon Llull um den Autor handelte, der zum ersten Mal ein Buch in katalanischer Sprache geschrieben hatte. Er gab dieser Sprechsprache damit erstmals eine einheitliche Schriftweise. „Damit ist er für die katalanische Sprache das, was Konrad Duden für die deutsche Sprache war", beendete der Guide seinen Vortrag und wandte sich zum Aufbruch.

Da noch einige der Teilnehmer Fotos machten, nutzte Cisco die Gunst des Momentes und sprach den Guide an: „Hätten Sie eine

Visitenkarte für mich oder die Info, wo ich mich zu dieser Tour anmelden kann?" Der Guide zog lachend einen kleinen Faltprospekt aus der Tasche. „Morgen um 11 Uhr findet die nächste Führung statt. Ich würde mich sehr freuen, wenn ich Sie dazu begrüßen darf. Die Anmeldung ist online möglich. In dem Prospekt steht alles beschrieben. Dann vielleicht bis morgen."

Der Guide winkte noch einmal freundlich und zog dann mit seiner Schar weiter. Cisco hob kurz die Hand zum Gruß, dann vertiefte er sich in den Prospekt. Die Stadtführung am Morgen stand an der zweiten Stelle, an erster Stelle war eine Tapas-Tour durch das abendliche Palma beschrieben, die täglich um 19.30 Uhr begann.

Bei dem Wort „Tapas" wurde Cisco an die wunderbaren Genüsse seiner Studentenzeit erinnert, die er in den Lokalen der Altstadt von Palma erlebt hatte.

Es gab einen Abend in der Woche, Cisco erinnerte sich nicht mehr, an welchem Wochentag das gewesen war, da trafen sich die Studenten in dem früheren Gerberviertel, welches zu seiner Zeit recht heruntergekommen gewesen war und als das Rotlichtviertel der Stadt galt.

Cisco musste lächeln. Rotlichtviertel hörte sich fast romantisch an, dabei war das Viertel damals von Rauschgifthändlern, kriminellen Clans und Drogenabhängigen geprägt gewesen. Alle paar Wochen waren die Schiffe der 6. US-Flotte in Palma angekommen und die Matrosen hatten Wochenendausgang bekommen. Sie brachten zwar viele Dollars mit sich, aber auch

Gewalt und Drogen. Cisco erinnerte sich, dass er und seine Kommilitonen an diesen Wochenenden die Altstadt von Palma stets gemieden hatten. Die G. I. waren schnell betrunken und dann gerne auch mal gewalttätig gewesen. Keine gute Mischung, um mit einem von ihnen zusammenzutreffen.

Die Tapas-Abende im Gerberviertel hingegen weckten sehr angenehme Erinnerungen bei ihm.

Cisco erinnerte sich, dass er eigentlich auf dem Weg zur Kathedrale war und ein Hochgefühl stieg in ihm auf. Wenn er tatsächlich etwas von Mallorca vermisst hatte in den letzten 44 Jahren, dann war es das hohe, lichtdurchflutete Kirchenschiff mit den bunten Fenstern, den großen Rosetten, der außergewöhnlichen Installation von Gaudí und den heimeligen Seitenaltären.

„Kathedrale des Meeres" und „Perle des Mittelmeeres" waren zwei der Attribute, die Cisco noch in Erinnerung hatte. Bezeichnungen, die wohl von der unmittelbaren Nähe des Gotteshauses zum Meeresufer abgeleitet waren.

Cisco stieg die ersten Treppen nach oben und kam auf einer Terrasse an, die Teil der historischen Stadtmauer war, wie er sich erinnerte. Von hier hatte er einen guten Blick über den Parc de la Mar mit dem Wasserbassin und der hoch aufsteigenden Fontäne. Vor dem Ufer lag eine große Zahl an Jachten auf Anker. Cisco war überrascht, denn da waren auch ein paar richtig große und luxuriöse Schiffe dabei. *Komisch, dass die mit ihrem Tiefgang so nahe am Ufer ankern können,* grübelte er. *Da war doch früher ein flacher Strand.* Dann wurde ihm jedoch bewusst, dass mehr als zehn Meter Land zum Bau der Ausfallstraße aufgeschüttet worden waren, so dass die Meerestiefe an der Stelle, wo nun das Ufer endete, natürlich deutlich höher war.

„Was für Dimensionen!" Er schüttelte ungläubig den Kopf, während er vor sich hinmurmelte: „Das hätte ich mir vor 44 Jahren niemals vorstellen können."

Cisco wandte sich ab und lief auf die letzten Treppen zu, die hinauf zur Kathedrale führten.

„Dalt Murada" stand auf einer Platte. „Hohe Mauer" in katalanischer Sprache. *Die Bezeichnung ist noch immer zutreffend,* befand Cisco, denn bei den letzten Metern der Treppe war er doch gut außer Atem und ob der hohen Temperaturen außerdem ganz schön ins Schwitzen gekommen.

Atemberaubend war nun auch der Anblick des enormen Kirchenschiffes vor ihm. Er erinnerte sich zwar nicht mehr ganz genau, wie hoch die Decke über das Mittelschiff ragte, er wusste aber, dass die Kathedrale von Palma eines der höchsten Kirchengebäude der Welt war.

Vor dem Hauptportal blieb er ehrfürchtig stehen. Eine Art elektrische Energie durchzog seinen ganzen Körper. Hier zeigte sich noch immer die ganz besondere Ausdruckskraft des Gebäudes, denn das Portal wich im Stil von der ansonsten komplett im gotischen Stil errichteten Kathedrale ab.

Die Leichtigkeit und der Schwung der Bögen, die Ornamentik bis ins kleinste Detail, das zeichnete die Renaissance aus und das Portal stach vom restlichen, mächtigen Gebäude durch die Verwendung dieses deutlich stärker verspielten Stils ab.

Die Heilige Maria stand im Mittelpunkt des Portals und obwohl selbst viele Mallorquiner meinten, der Name der Kathedrale sei „La Seu", wusste Cisco, dass sie nach der Heiligen Maria benannt worden war. „La Seu" stand in der katalanischen Sprache für den „Sitz" und wurde im Volksmund für den Sitz des Bischofs verwendet.

Cisco hatte sich von dem elektrisierenden Anblick losgerissen und war um das linke Seitenschiff herumgegangen. Hier befand sich in einem kleinen Gebäude, dem früheren Almosenhaus, nun der Eingang zur Kathedrale mit den Kassen, wie Cisco beim Annähern an das Gebäude bemerkte.

Auf einer Tafel neben dem Eingang konnte er ablesen, dass der Eintritt mittlerweile 8 Euro kostete. *Respekt*, dachte er, *zu meiner Zeit war der Eintritt noch kostenlos. Das hat sich ja mächtig geändert.* Die kurze Schlange vor dem Eingang hatte sich schnell bewegt und schon stand auch Cisco in dem kleinen Raum, der zwei Kassenschalter beherbergte. Geradeaus waren moderne Zugangssperren mit sich aufschiebenden Glastüren aufgestellt, die nach dem Erfassen des QR-Codes auf dem Ticket den Zugang freigaben. Dies schien nicht immer sofort zu funktionieren. Ein uniformierter Mitarbeiter stand hilfreich zur Seite, wenn die Türen nach dem zweiten oder dritten Leseversuch den Zugang immer noch nicht freigegeben hatten.

Cisco war nun am Schalter an der Reihe. Beim Betrachten der Kassiererin stellte er sich die Frage, ob sie wohl eine Mallorquinerin war und nachdem ihr Aussehen diese Einschätzung zuließ, überlegte er, dass die Diözese wohl auch einheimische Arbeitskräfte bevorzugen würde.

Daher sprach er die Frau nun auch auf Katalan an. „Un bittlet a una persona si us plau." Er wurde sofort in seiner Annahme bestätigt, denn sie antwortete ihm auf Katalan: „Als Resident haben Sie freien Eintritt" und druckte ihm ein Ticket aus, welches einen freien Eintritt gewähren sollte. Cisco war überrascht, zum einen, dass er wohl noch so akzentfrei Katalan sprach, dass die Kassiererin annahm, dass er ein Resident sei, zum anderen aber, dass die Einheimischen immer noch freien Eintritt hatten. Mit einem fröhlichen „Gràcies" drehte er sich den Glastüren zu und nachdem diese sich auch unmittelbar aufschoben, war Cisco nun im inneren Bereich des Museums angelangt.

Gleich nach der Zugangskontrolle befand sich ein Schalter, an dem Audio-Guides ausgegeben wurden und obwohl der Service offensichtlich im Eintritt enthalten war, verzichtete Cisco darauf. Er wollte eher auf spirituelle Weise die Anmut dieses besonderen Ortes erfahren und wandte sich daher direkt in Richtung Kirchenschiff. Der Weg führte ihn durch den Glockenturm, in dem sich nun eine Vitrine befand, in der ein vergoldeter Altar ausgestellt war.

Cisco blieb stehen. Er erinnert sich an eine Geschichte im Zusammenhang mit der Rückeroberung der Insel Mallorca im Jahre 1229 durch König Jakob I. von Aragón.

Bei dessen Überfahrt von Tarragona nach Mallorca soll ein schwerer Sturm aufgekommen sein und Jakob befürchtete das Sinken vieler seiner 115 Schiffe, auf denen sich der Überlieferung nach, circa 15.000 Soldaten befunden haben sollen. Der König, der einen hölzernen Altar mit sich führte, soll sich vor diesem niedergekniet und Gott um Schutz angefleht haben.

Er machte dabei das Versprechen, nach glücklicher Ankunft auf Mallorca als Dank für die Rettung aus der Seenot das schönste Gotteshaus des Mittelmeeres zu erbauen. Cisco musste schmunzeln, zum einen, dass nun ein vergoldeter Altar als Erinnerung an diese Sage diente und zum anderen, weil Jakob sein Versprechen nie eingelöst, sondern die Verpflichtung testamentarisch an seinen Sohn, Jakob II. von Mallorca, übertragen hatte. Daher begann der Bau auch erst viele Jahrzehnte nach der christlichen Rückeroberung, vermutlich also im 14. Jahrhundert.

Noch ein wenig in Gedanken an die Kirchengeschichte war Cisco ein paar Stufen hinabgestiegen. Als sein Blick auf das Kirchenschiff fiel, musste er tief durchatmen.

Wie sehr hatte er diesen Anblick vermisst! Es war ihm, als stünde die Zeit still. Die sogenannte Kathedrale des Lichtes machte ihrem Namen gerade alle Ehre. Sonnendurchflutet, hell, leicht, mit den filigranen Pfeilern und einer Höhe, die Unendlichkeit ahnen ließ. Cisco spürte wieder die starke Energie, die seinen Körper durchzog.

Er war vollkommen im Moment versunken, als er eine Stimme hörte, deren vertrauter Klang ihn elektrisierte und aufzucken ließ.

In seiner unmittelbaren Nähe stand eine kleine Gruppe und versperrte ihm die Sicht auf den Mann mit der markanten Stimme. Cisco wusste genau, wem die Stimme gehörte, auch wenn er diese 44 Jahre nicht mehr gehört hatte.

Er war erschrocken, denn er hatte nicht vermutet, so rasch nach seiner Ankunft auf der Insel jemanden aus der Vergangenheit wiederzutreffen. *Ob ich mich ihm nähern sollte? Bin ich schon reif für die Begegnung mit der Vergangenheit?*, grübelte Cisco. Er war sich nicht sicher. Im ersten Moment dominierte ein Fluchtreflex, aber er zögerte noch.

Immerhin gehörte diese Stimme einer Person, mit der er gute, sogar sehr gute Erinnerungen verband und die ihm damals nicht nur enorm geholfen hatte, sondern auch für sein Leben in Freiheit und seinen späteren Erfolg stand. Insofern war es ein sehr gutes Zeichen, dass es ausgerechnet Pater Joan war, der ihm nach langen Jahren der Abwesenheit als erstes über den Weg lief.

Cisco wollte unbedingt wissen, wie er heute aussah. Er schob sich zwischen die Zuhörenden und bekam einen guten Blick auf seinen alten Gönner.

Kein Zweifel, erkannte Cisco nun eindeutig. Vor ihm stand der Kirchenmann, den er als jungen Priester kennengelernt hatte, und den er noch heute über alle Maßen schätzte.

Ihm hatte Cisco es zu verdanken, dass er nach seinem Grundstudium zuerst nach Deutschland gegangen war. Der Priester war zu der Zeit bereits über zehn Jahre jeden Sommer als Urlaubsvertreter für einen deutschen Pfarrer in der Nähe von Münster tätig gewesen und hatte einen sehr großen Kreis von Bekannten in Deutschland.

Cisco hatte sich mit dem damals etwa 33-jährigen Priester sehr oft unterhalten und in ihm einen wahren Seelsorger, mehr noch, eine Art väterlichen Freund gefunden. Obwohl dieser nur 12 Jahre älter war, strahlte er eine große Lebensweisheit aus und für Cisco, der seinen Vater nie kennengelernt hatte, stand seine Persönlichkeit für viele Attribute, die die Funktion von Vätern für ihre Söhne beschreiben. Er war ein hervorragender Motivator, ein zugewandter Zuhörer, ein verlässlicher Ratgeber, ein tadelloses Vorbild und ein geduldiger Lehrer.

Während Cisco der tiefen Stimme seines einstigen Gönners lauschte, schlugen die Gedankenfetzen in seinem Kopf Purzelbäume. Nachmittage voller Diskussionen, kirchliche Feste mit Brauchtum und Enge, aber auch Geborgenheit, unbeschwerte Momente. Es kam Cisco so vor, als würden alle positiven Erinnerungen an Mallorca mit diesem Pfarrer in Verbindung stehen. *Das mag nach all den Jahren eine Art von selektiver Wahrnehmung sein,* sinnierte Cisco, aber ganz falsch war diese Erinnerung auf keinen Fall.

Ciscos Hemmungen waren wieder angewachsen, er schämte sich nun, nach seinem Weggang von Mallorca den Kontakt mit Joan nicht aufrecht gehalten zu haben. Aber sein Unterbewusstsein hatte bereits die Führung übernommen. Während Cisco innerlich noch zögerte, hatten seine Füße sich näher in Richtung des Sprechers bewegt. Nun konnte er ihn deutlich sehen.

Der Seelsorger hatte sich eigentlich kaum verändert. Bis auf den Umstand, dass er 44 Jahre älter war, als bei dem letzten Treffen, waren seine Gesichtszüge, seine Mimik und sein Habitus immer noch identisch mit der Erinnerung, die Cisco ihn hatte.

Während Joan zu der Gruppe sprach, fiel sein Blick direkt auf Cisco. Sollte er seinen ehemaligen Schützling erkannt haben, ließ er sich es nicht anmerken, sondern sprach in seiner besonderen Art weiter und erklärte den Zuhörern die Arbeit, die Antonio Gaudí im Altarraum der Kathedrale geleistet hatte.

Nachdem er seine Ausführungen beendet hatte, zeigte der Priester nach rechts und teilte seinen Zuhörern mit, dass es nun zu der berühmten Seitenkapelle des mallorquinischen Künstlers Miquel Barceló ging. Er setzte sich an die Spitze der kleinen Gruppe Richtung Seitenaltar und kam damit direkt auf Cisco zu.

Cisco hatte noch nie von einer Installation des Künstlers Miquel Barceló gehört, den er dennoch gut kannte. Eines seiner Werke war in die Zentralverwaltung der UNESCO eingebracht worden und Cisco hatte es dort besichtigt.

Der Priester war inzwischen auf Armdistanz angekommen und hatte seine rechte Hand weit nach vorne gestreckt. „Du warst eine Weile nicht in der Messe!" Mit einem simulierten Tadel in der Stimme lachte Joan ihn an. „Willkommen zu Hause, Cisco! Gut siehst du aus! Ich bin gerade beschäftigt. Wenn du magst, trinken wir nachher einen Kaffee zusammen", flüsterte er ihm zu.

Cisco war etwas überrumpelt, er schaffte es dennoch, das Lächeln zu erwidern und nickte.

„Komm mit!", hörte er den Priester sagen, der seinen Kopf auffordernd in Richtung des rechten Kirchenschiffs bewegte. „Das hast du auch noch nicht gesehen."

Die Gruppe bewegte sich am Hauptaltar vorbei zum rechten Seitenschiff der Kathedrale. Zwei Männer nickten Cisco freundlich zu. Das und die offizielle Begrüßung vermittelten ihm den Eindruck, der Gruppe nunmehr anzugehören.

Im Seitenschiff angekommen, wandte sich der Kirchenmann nach links. Vor ihm war nun ein Seitenaltar zu sehen, der Ciscos Augen im ersten Moment überforderte. Unter den abgedunkelten Fenstern war eine farbenprächtige Installation voller surrealer Formen und bunter Farben zu sehen. Eine sehr moderne Darstellung, die zunächst überhaupt nicht mit dem Stil der Kathedrale zu harmonieren schien.

Der Priester erklärte: „Bei diesem Kunstwerk handelt es sich um die Darstellung eines der Wunder Jesus. Er speiste über 5000 Menschen mit nur zwei Fischen und fünf Broten."

Ciscos ganze Aufmerksamkeit wurde nun jedoch gänzlich von den skurrilen Formen und Gestaltungen in Anspruch genommen. Er sah, dass die Installation oben Wellen zeigte, die sich brachen und dadurch eine Gischt bildeten.

Davor waren Fische zu erkennen, darunter sehr große, raubfischartige Wesen, aber auch Meerestiere wie Tintenfische, algenartige Pflanzen und Gefäße, die wie Amphoren aussahen.

Dazwischen waren immer wieder Angelhaken ersichtlich, teilweise mit Ködern bestückt, die in tückischer Absicht auf ihre Beute zu harren schienen.

Cisco hörte den Priester im Hintergrund sprechen, gerade sprach er über den Künstler Miguel Barceló und das vorliegende Werk: „Diese Installation wurde im Jahre 2007 fertiggestellt. In der Folge wurde Barceló von der Universität der Balearen mit dem Ehren-Doktor ausgezeichnet.“

Cisco ließ sich von dem Werk wieder völlig vereinnahmen und bemerkte nun, dass in der Mitte der Installation eine geisterhafte Gestalt zu erkennen war. Bei näherer Betrachtung stellte Cisco fest, dass die Gestalt Wundmale an Händen und Füßen trug. Damit war klar, dass hier Jesus dargestellt sein musste. Dennoch stutzte er, denn die geisterhafte Gestalt trug auch eine Narbe im Herzen. Obwohl Cisco seinen Glauben seit vielen Jahrzehnten nicht mehr praktizierte, wusste er, dass diese Darstellung der weiteren Wunde nicht konform war mit der Beschreibung von Jesu Leiden im Neuen Testament.

Mit einem unguten und etwas wehmütigen Gefühl erinnerte sich Cisco, dass er in seiner Jugend an jedem Karfreitagnachmittag in die Kirche gemusst hatte. Dort hatte er die Lesung der Leidensgeschichte Jesu über sich ergehen lassen müssen. Das lange Stillsitzen war damals eine Qual gewesen, aber da er die Geschichte so oft gehört hatte, konnte er sich hervorragend an alle Details erinnern. Der römische Legionär, der feststellen wollte, ob Jesus noch lebte, hatte ihm in die Rippen gestochen und nicht ins Herz.

Warum Barceló Jesus eine Narbe im Herzen verpasst hatte, erschloss sich ihm nicht. Während er noch darüber nachdachte, wurde ihm wieder die Stimme des Priesters bewusst, der gerade ausführte: „Die Keramikplatten ragen 16 Meter in die Höhe und das Gesamtkunstwerk nimmt 300 Quadratmeter Fläche ein."

Cisco hatte noch nicht entschieden, ob er die Installation von Barceló mochte. Ihre Dimensionen und die Ausdrucksstärke waren jedoch äußerst beeindruckend.

Der Priester informierte die Gruppe darüber, dass sie nun die Kathedrale über das Südportal verlassen würden. Als er dort hinsah, nahm Cisco das Licht wahr, das aus den beiden Türen, die zum Meer hin lagen, in die Kathedrale fiel.

Mit den anderen Teilnehmern trat er hinaus und musste, ob des intensiven Sonnenscheins, mehrfach blinzeln und die Augen zusammenkneifen.

Der Priester verabschiedete sich wortgewandt von der Gruppe und Cisco wurde wieder die große Ausstrahlung dieses Kirchenmannes bewusst. Keiner der Teilnehmer konnte sich gleich von Joan trennen, viele traten nahe an ihn heran, stellten noch Fragen oder warteten, um sich persönlich zu verabschieden.

Cisco war währenddessen an die Mauer getreten und sah hinunter in den Parc de la Mar. Die große Fontäne befand sich direkt vor ihm. *Das kann kein Zufall sein. Die Kathedrale des Meeres hat ihre wichtigste Seite natürlich zum Meer hin*, überlegte er sich und wandte sich in Richtung Südportal. Er hatte noch in Erinnerung, dass dort eine sehr bedeutende Darstellung in Stein gehauen war, aber erst als er darauf blickte, erinnerte er sich, dass es sich tatsächlich um die Darstellung des letzten Abendmahls handelte. Jesus saß in der Mitte seiner zwölf Apostel. Er rieb sich kurz die Augen. *Sieht da tatsächlich einer wie eine Frau aus? Wohl zu viel Dan Brown gelesen,* relativierte Cisco seinen Eindruck. Er beschloss jedoch, sich bei nächster Gelegenheit die Abendmahlszene genauer anzusehen.

„Gut siehst du aus!" Cisco vernahm die markante Stimme des Priesters nun direkt hinter sich. „Du erinnerst mich immer noch an Cary Grant." Er lachte und umarmte ihn dabei herzlich.

„Wie lange ist das nun her, dass wir uns nicht gesehen haben?" fragte er Cisco. „Vor 44 Jahren habe ich Mallorca verlassen und gestern bin ich das erste Mal seit meiner Abreise wieder auf der Insel angekommen. Es sind also mehr als 44 Jahre. Du siehst aber auch sehr gut aus. Bist du schon im verdienten Ruhestand und

machst ehrenamtlich noch Führungen durch die Kathedrale?",
fragte Cisco.

Der Priester lachte kurz auf, um dann in einer ausladenden
Bewegung seinen Kopf von links nach rechts zu bewegen.
„Wenn, dann wäre es eher ein Unruhestand." Er schmunzelte.
„Ich habe noch sehr viele Aufgaben, davon werde ich dir bei
einem kräftigem Café Solo berichten und du erzählst mir, wie es
dir ergangen ist. Da vorne, gegenüber dem Palast des Juan
March, hat eine Bar eröffnet. Da können wir uns kurz hinsetzen."
Joan hatte in Richtung des Almudaina-Palastes gezeigt.
Gemeinsam machten sie sich auf den Weg.

Als sie wieder vor dem großen Portal mit der Statue der Heiligen
Maria angelangt waren, zeigte der Priester nach links, wo sich
gerade ein großes Tor in der Mitte des Almudaina-Palastes
öffnete. Cisco sah einen Soldaten in Kampfuniform, der ein
Fahrzeug aus dem Innenhof passieren ließ.

Dahinter konnte er einen Teil der Sant-Ana-Kapelle erkennen mit
den filigran bemalten Seitenfenstern. Joan deutete auf die
Kapelle. „Du erinnerst dich, dass sich in der Wand hinter dem
Altar eine wunderschöne Rosette befindet?" Cisco nickte
bestätigend. „Jetzt, wo du es sagst, sehe ich sie sogar plastisch
vor mir. Was macht das Militär in dem Palast? Kann man die
Kapelle nicht mehr besichtigen?"

„Zu deiner Zeit war doch ein General mit seinem Stab unten im
Consulado del Mar untergebracht." Cisco nickte zustimmend.
„Diese Stabsabteilung der spanischen Generalität ist nun hier in

den Almudaina-Palast eingezogen", gab der Priester zurück. „Du kannst aber nichts Militärisches sehen, denn alle Einrichtungen befinden sich hinter der Sant-Ana-Kapelle. Die Kapelle ist aber noch für die Öffentlichkeit zugänglich über das Museum des Almudaina-Palastes."

„Und seit den 80er-Jahren des letzten Jahrhunderts ist der Palast tatsächlich auch wieder ein Königspalast." Joan zeigte nach links. Sie waren gerade an einem kleinen Wachhäuschen vorbeigelaufen und standen nun vor einem weiteren, deutlich kleineren Portal. „Sieh einmal nach oben, da siehst du das Königliche Wappen.

Hier hat Juan Carlos I. in den 80er-Jahren eine Sommerresidenz eingerichtet und den Palast damit in den Rang eines offiziellen spanischen Königssitzes erhoben. Nun ist bereits sein Sohn Philipp VI. in Amt und Würden und hat es zu seinem dauerhaften Sitz gemacht. Übrigens, das ist der einzige amtierende Sitz außerhalb Madrids, alle anderen Königssitze wie Sevilla, Burgos und so weiter sind nur noch historisch. Daher hat die Stadt Palma seit fast 40 Jahren eine besondere Stellung in der spanischen Monarchie."

Cisco zeigte mit der Hand auf das Wappen, welches über dem Portal eingemeißelt war. „Die drei Lilien der Bourbonen, ich frage mich gerade, wie viele der Untertanen den vollständigen Titel ihres Königs kennen?" Der Priester lachte. „Ich glaube, da gibt es Wichtigeres, was man heute wissen muss. Aber in der Tat zeigt es die Verflechtung Europas schon lange bevor die Europäische Union gegründet wurde."

Sie waren nun vor dem Palast March angekommen. In den 70er-Jahren des vergangenen Jahrhunderts war dort das Museum der Familie March eingerichtet worden, nachdem der Gründer der Dynastie im Jahr 1962 an einem Autounfall verstorben war. Cisco musste schmunzeln, hatte er doch gerade vor wenigen Tagen in einer US-amerikanischen Zeitschrift ein Bild gesehen, wo eine Replika des Unfallwagens, ein Cadillac mit riesigen Ausmaßen, genau aus diesem Palast herausgebracht wurde.

„So klein ist die Welt. Nun stehe ich tatsächlich vor dem Tor, welches zum Innenhof des Palastes führt." Cisco erinnerte sich, dass die Fakultät kurz nach der Eröffnung des Museums dort eine Besichtigung machte. Er hatte vor allem die ausladende Terrasse mit dem Blick bis zum Castell Bellver und über die historische Altstadt noch lebhaft vor Augen. Er beschloss, nach dem Kaffee in den Palast hineinzugehen.

Der Priester wies auf einen leeren Tisch mit zwei Stühlen, der sich genau am Eingang des Cafés befand.

Cisco empfand eine starke, aber diffuse innere Unruhe, er wusste gar nicht genau warum. Er fürchtete sich ein wenig vor dem, was nun kommen würde.

Er wollte sich gerade hinsetzen, als der Priester in die Hosentasche griff, um sein klingelndes Mobiltelefon herauszuziehen. Cisco musste schmunzeln, denn der Kirchenmann benutzte noch eines jener Geräte, die man aufklappen konnte und denen jegliche Smartphone-Attribute fehlten. *Das passt zu ihm,* dachte er. Der Priester beendete sein Telefonat und verzog ein wenig das Gesicht.

„Ich muss leider sofort aufbrechen, eine dringende Angelegenheit mit dem Bischof", bedeutete er mit Bedauern in der Stimme. „Wie lange bleibst du auf Mallorca?" Cisco war erleichtert. Er würde also Gelegenheit bekommen, sich auf das Treffen besser vorzubereiten. „Gar kein Problem," erwiderte er. „Ich bin noch fast zwei Wochen auf der Insel. Hier ist meine Visitenkarte mit meiner Mobilnummer drauf." Der Priester winkte ab. „Lass uns lieber gleich ein Treffen vereinbaren." Er hatte einen Taschenkalender herausgezogen und blätterte bereits darin. „Wie sieht es am Sonntag um 13 Uhr aus? Direkt nach der Messe? Wobei du ja auch zur Messe kommen kannst", regte er mit aufmunterndem Blick an.

„Das passt mir gut. Ich werde da sein und am Eingang des Almosenhauses auf dich warten."

Der Priester streckte seine Hand aus und Cisco drückte sie kräftig. Eine Mischung aus Freude und Erleichterung beflügelte ihn. Er sah dem Kirchenmann noch lange nach, bis der letztlich aus seinem Blickfeld verschwunden war.

Da der Platz mit dem Blick auf einen großen Baum so malerisch war, beschloss er, einen Café Solo zu nehmen. Ihm war noch gut in Erinnerung, dass die Einheimischen den Espresso so bezeichnen.

Der Kellner sprach Cisco auf Englisch an. *Ein älteres Semester, der kannte Gary Grant noch*, mutmaßte Cisco. Sein Akzent verriet ihn aber als Mallorquiner und so gab Cisco die Bestellung in der lokalen Sprache auf. Der Kellner stutzte, nickte kurz und machte sich auf den Weg zum Tresen.

Cisco dachte an die Begegnung mit dem Priester. Er hatte sich so lange vor der Konfrontation mit der Vergangenheit gefürchtet, jetzt fühlte er sich schon ein wenig leichter. Das lag nicht nur an der besonderen Ausstrahlung des Kirchenmannes. Er empfand außerdem eine tiefe Verbundenheit mit seiner Person und der Kathedrale, in der sie aufeinandergetroffen waren. Beide hatten sich in den vielen Jahrzehnten seiner Abwesenheit offensichtlich nicht verändert. Cisco mochte diese Anmutung und er genoss das warme Gefühl.

Entspannt lenkte er seine Aufmerksamkeit auf das Treiben auf der Straße. Massen von Touristen schoben sich in beide Richtungen, nach links in Richtung des historischen Rathauses und nach rechts in Richtung des Almudaina-Palastes und der Kathedrale. Dazwischen waren Taxis, die versuchten, sich durch die Menschenmengen zu manövrieren und Kutscher, die hektisch hupten und riefen, um ihre Pferde nicht verlangsamen zu müssen und dennoch niemanden umzufahren.

Welch eine Veränderung zu der beschaulichen Situation früher. Cisco schüttelte unbewusst den Kopf, als er im Augenwinkel eine Bewegung wahrnahm. Eine weitere Gestalt aus der Vergangenheit kam auf ihn zu, eine, deren eigenartig trippelnder

Gang so markant war, dass kein Zweifel bestand, um wen es sich handelte.

Cisco begann unkontrolliert zu zittern. Sein Herz raste, vor seinen Augen begann die Luft zu flimmern. Er stand so hektisch auf, dass das Porzellan von Tasse und Untertasse aneinanderschlug, der Löffel über den Metalltisch tanzte und für weiteren Lärm sorgte, so dass alle Umsitzenden erschrocken aufblickten.

Ich kann das nicht. Nicht noch einmal. Nie wieder. Cisco warf reflexartig ein paar Münzen auf den Tisch, und bewegte sich dann fluchtartig in die entgegengesetzte Richtung. *Ich muss verrückt gewesen sein!*

So schön es wäre, Joan noch einmal zu treffen, das hier ist es nicht wert. Ich reise sofort ab. Panisch hastete Cisco zurück zum Hotel. Seine Knie fühlten sich wie Wackelpudding an, kalter Schweiß hatte sich auf seiner Stirn gebildet. *Jahrelange Therapie und ich kann noch nicht einmal seinen Anblick ertragen ...* Keuchend blieb Cisco stehen und presste die Hand aufs Herz. *Ob er mich erkannt hat? Die Wucht der Erinnerungen drohte überhand zu nehmen. Das Gefühl der Ohnmacht schmerzte unsäglich.*

Doch ein weiteres Gefühl stieg in Cisco auf. Wut. Eine brennende Wut. Cisco ballte die Fäuste, eine schwang er drohend in die Luft. „Und schon wieder laufe ich vor dir weg, du Schweinehund! Aber weißt du was, ich lasse mich nicht länger von dir vertreiben! Es ist aus!"

Mit einem Taschentuch betupfte Cisco seine Stirn, dann straffte er die Schultern. Entschlossenheit lag in seiner Stimme. „Der Moment der Abrechnung ist gekommen."

Fortsetzung folgt.

www.michaeljohannes.com
www.zauber-von-lissabon.de
www.bezaubert-von.mallorca.de
www.ciscos-rueckkehr.de

Bereits erschienen: „Der Zauber von Lissabon", Dezember 2019

Zu Ostern 2020 erscheint „Der Zauber von Lissabon Teil 2"

Im Sommer 2020 erscheint „Ciscos Rückkehr"

Danke an Andrea, Andreas, Anja, Annett, Annette, Anne-Katrin, Antonia, Barbara, Carola, Cati, Christoph, Corbinian, Doro, Elke, Elmar, Erika (Ery), Erwin, Frank, Franzi, Fritz, Gunter, Guni, Hans-Gerd, Hajo, Heike, Irene, Irina, Iris, Jasmin, Joachim, Jochen, Johanna, Jürgen, Julia, Jutta, Katrin, Klaus, Linda, Luisa, Manfred, Manuela, Maria, Martina, Mecki, Melanie, Nadine, Nicoletta, Olga, Panosch, Patricia, Petra, Pixi, Reinhard, Reinhold, Selma, Stefan, Stephan, Susanne, Sven, Thilo, Thomas, Tim, Tom, Ulli, Ulrike, Viktoria und Volker für den Austausch und die Inspiration.

Danke an Frau Jedida Astrid Hennig für das professionelle, kongeniale und bereichernde Lektorat und Korrektorat

Danke, liebe Kunden für die vielen Anregungen, Ideen und Hinweise.
Danke, liebe Einwohner von Mallorca, für die freundliche Aufnahme und das gute Miteinander.

Zeitfracht Medien GmbH
Ferdinand-Jühlke-Straße 7
99095 Erfurt, Deutschland
produktsicherheit@kolibri360.de